全球金融
失衡与治理

乔依德 何知仁 等 / 著

中信出版集团｜北京

图书在版编目（CIP）数据

全球金融失衡与治理 / 乔依德等著. -- 北京：中信出版社, 2021.5
ISBN 978-7-5217-2982-5

Ⅰ.①全… Ⅱ.①乔… Ⅲ.①国际金融管理—研究 Ⅳ.① F831.2

中国版本图书馆 CIP 数据核字（2021）第 052139 号

全球金融失衡与治理

著 者：乔依德 何知仁 等
出版发行：中信出版集团股份有限公司
（北京市朝阳区惠新东街甲 4 号富盛大厦 2 座 邮编 100029）
承 印 者：北京诚信伟业印刷有限公司

开 本：787mm×1092mm 1/16 印 张：12.75 字 数：150 千字
版 次：2021 年 5 月第 1 版 印 次：2021 年 5 月第 1 次印刷
书 号：ISBN 978-7-5217-2982-5
定 价：65.00 元

版权所有·侵权必究
如有印刷、装订问题，本公司负责调换。
服务热线：400-600-8099
投稿邮箱：author@citicpub.com

编委会

主　任

　　乔依德

副主任

　　何知仁

成　员

　　乔军华　刘海影　吴　君　李　忠
　　沈　明　张朝晖　李　蕊　陈　竹
　　范晓轩　葛佳飞　阚明昉

目 录

前言 V

第一篇
失衡——全球金融体系的脆弱根源

第一章 全球金融失衡的含义 003
一、全球不平衡等于全球贸易不平衡吗？ 003
二、全球金融不平衡对全球经济的冲击远大于贸易不平衡 006
三、全球金融失衡的经济后果 013
四、全球金融失衡的根源 020

第二章 全球金融失衡的传导与冲击 026
一、发达经济体货币政策对全球流动性的驱动 026
二、金融中介的流动性创造 030
三、新兴经济体承受的金融外部冲击 033

第二篇
失衡溯源——全球金融治理框架的缺陷

第三章 国际货币体系具有内在不稳定性 041
一、"美元本位制"的缺陷 042
二、汇率与国际收支调节机制的缺失 044

I

第四章　国际金融治理机构难以充分发挥作用　048
一、国际金融治理机构概述　048
二、国际金融治理机构面临的挑战和改革建议　057

第五章　货币政策缺乏国际协调　073
一、金融自由化与货币政策的潜在成本　073
二、金融全球化与货币政策的溢出效应和溢回效应　077
三、货币政策国际协调的现状　081

第六章　全球金融监管存在的缺陷　084
一、金融全球化与监管国别化的矛盾　085
二、监管理念的偏颇　087
三、宏观审慎监管的缺失　089
四、"大而不倒"的问题　092
五、金融监管的滞后性　095

第三篇
应对失衡——全球金融治理的未来之路

第七章　强化货币政策的国际协调机制　101
一、宗旨和目标　101
二、具体建议　103
三、建立货币政策的国际协调机制的可行性　108

第八章　对跨境资本流动实施有效监测和监管　111
一、监测跨境资本流动的新指标　111
二、对跨境资本流动的监管建议　118

第九章　完善多层次全球金融安全网　128
一、当前背景下完善全球金融安全网的重要性　128

二、全球金融安全网发展现状和面临的挑战　130
三、政策建议　145

第十章　构建全球化的金融监管体系　152
一、"一宏三微"的监管内容框架　152
二、全球宏观审慎监管　153
三、对全球系统重要性金融机构的监管　154
四、对跨境资本流动的监管　155
五、对复杂金融创新工具和衍生产品的监管　155

第十一章　应对全球金融失衡的长期设想　157
一、多元储备货币体系　158
二、超主权储备货币体系　163

**附录　杠杆率、利率和风险偏好的相互作用机制：
　　　理论模型　169**

前　言

在过去的几年中，上海发展研究基金会差不多每年都会围绕全球金融这一主题撰写一份研究报告。2016年我们发表了研究报告《全球金融治理：挑战、目标和改革》，2017年我们又撰写了研究报告《全球金融失衡：含义、影响和对策》。这两份研究报告的内容实际上是互相衔接、有所交错的。我们认为，当前全球金融体系根本的缺陷就在于它存在着一种全局性的失衡，即全球流动性供需存在着持续和严重的不匹配，因此研究全球金融失衡是研究全球金融治理的一个很自然的出发点，而研究全球金融治理则应该是研究如何消除全球金融失衡的必然结果。因而，我们把这两份研究报告综合在一起，作为本书的基础。

在2008年全球金融危机爆发后的一段时间内，有一种说法，认为这次全球金融危机与1929—1933年的世界经济大危机相比，其造成的社会负面影响并没有那么严重。但现在看来，这个说法有点早了。实际上，2008年全球金融危机以后，美国也出现了"茶党"运动和"占领华尔街"运动，两者是一右一左的民粹主义运动，后来在欧洲又出现了英国脱欧，在意大利、法国等国出现了民粹主义思潮抬头的现象，一直到特朗普当选美国总统，这一切都反映了这次全球金融危机至少是民粹主义抬头以及逆全球化的一个重要原因。如果说，1929—1933年的世界经济大危机是"急性发作"，那么2008年的全球金融危机就是"慢性溃疡"。众所周知，治疗慢性病并不比治疗急性病更容易。

毫无疑问，经济全球化具有双面的效果。一方面，使得国家之间的收入差距缩小了。另一方面，在一个国家内部，特别是发达国家内部，各个阶层经济收益都受到了影响，甚至有一部分社会阶层还受到了经济全球化所带来的伤害，例如美国的蓝领工人（Milanovic，2019）。由于受廉价劳动力因素的驱使，加之追求经济效益，美国公司纷纷将生产线迁往劳动力成本较低的发展中国家，同时物美价廉的进口商品又导致一部分留在美国国内的工厂利润减少，甚至难以生存。因此，美国蓝领工人的就业机会大为减少，进而影响到了他们的生活。就解决上述问题而言，需要美国等发达国家在制度安排、政策措施上做出必要的应对，然而，遗憾的是这些情况并未出现。可以这样说，最近出现的逆全球化、民粹主义的思潮其实是2008年全球金融危机的负面效果以及一些国家应对经济全球化的措施不足导致的共同结果。在这样一个过程中有一个错误的观念发挥了很重要的作用，即在谈到全球不平衡时，有些人就武断地把它等同于经常项目不平衡或者说贸易不平衡，甚至以此批评包括中国在内的新兴市场国家与发展中国家（Bernanke，2005）。正如大家所知道的，经济全球化包括多种因素的跨境流动，例如商品、劳动力、资金、技术、信息等。那不禁要问，为什么谈到全球不平衡，仅仅就指贸易不平衡而不提其他方面，特别是金融不平衡，这不是非常奇怪吗？当然，也有些人，比如国际清算银行（BIS）经济学家申炫松（Shin）、博里奥（Borio）等，他们认为金融不平衡也是全球不平衡中的组成部分，甚至更为重要，而经常项目不平衡并不是引发全球金融危机的主要外部原因（Gourinchas，2012）。他们发现在2008年全球金融危机爆发以前，实际上欧洲与美国的经常账户是平衡的。然而欧洲跨国银行通过其在美国的分行从美国的货币市场上借入大量的美元，调回到欧洲。同时在美国市场上购买大量结构性产品，压低了美国金融市场的利率，因此诱发了美国的金融危机（Shin，2012）。我们认同他们提出的"全球金融不平衡"的概念，并在这个基础上对其内涵进行挖掘，扩大了其外延，认为全球金融不平衡（或失衡）[①]是指全球流动性的需求和供给在不同经济体之间存在持续和过度的不匹配，而且进一步认为相比贸易不平衡而言，金融不平衡对全球经济的负面影响更为严重。为什么这样说呢？第一，全球已经存在一个由资本流动量、资本流动方向，以及杠杆和信贷增长等因素构成的全球金融周期。它与芝加哥期权交易所（CBOE）使用的市场波动性指数（Volatility Index，VIX）呈负相关关系，受到G4国家（美国、欧元区、日本、英国），特别是美国货币政策的驱动，并最终对资本跨境流动以及其他国家的汇率和货币政策产生很大的影响（Rey，2013）。纵观世界金融发展历史，金融周期的幅度远远超过商品周期的幅度，因而对经济冲击的程度更大，也给全球的经济带来更多的冲击。第二，资本的集中度大大

[①] "失衡"与"不平衡"具有同样的含义，本书交替使用。但是我们更倾向于用"失衡"，因为金融状况是动态的，用"失衡"更加形象一点。

高于商品的集中度，大量资本集中在少数对冲基金和大型资产管理公司中，它们对跨境资本的推动和冲击力是大于商品贸易的。而商品贸易则是分散的、有形的、缓慢的，远不如资本流动那样量大且迅速。另外，无论是经常项目还是贸易账户，它们都是一个净量，反映的是一段时间内对进出口贸易额的总结，细节则在简单的正负相抵中被掩盖。而资本跨境流动在一个时点所呈现的是一个毛值，它体现出来的冲击力度，无疑是大大超过净量的（乔依德，2017）。不仅如此，从对社会的负面效果来看，金融不平衡比贸易不平衡更为严重。它加剧了收入的不平衡，金融业不仅控制了更多的资源，财富也更为集中，而且从业人员的收入也大大高于制造业或者其他部门。此外，还存在一种类似于"资源诅咒"的现象。由于美元在世界货币中占据主导地位，所以美国的金融部门非常发达，资源和人才都向该部门集中，这导致了制造业的收入和就业机会相对减少，从而对蓝领工人造成了很不利的影响。这里着重阐述了全球失衡可能产生的后果，并不意味着否认贸易失衡会带来的负面影响，只是认为必须对全球不平衡的内涵有全面而准确的理解，从而避免由此产生的政策错位以及舆论偏差。不言而喻，准确把握经济全球化有着明显的政策含义。麦肯锡前几年有一个报告指出，金融危机发生时的跨境资本流动总量是现在的三倍，如此巨大的跨境资本流动是发生全球金融危机的原因之一（McKinsey Global Institute，2017）。《金融时报》的肖恩·唐南在解读这份研究报告时指出，"在美国总统唐纳德·特朗普等经济民族主义者威胁要设置新的贸易壁垒的当今世界，围绕全球化的辩论被过去半个世纪商品贸易激增及其对社会的冲击所主导。大多数经济学家在表示担心通向更高程度经济一体化的进程如今可能在逆转时，主要忧虑的正是这类商品贸易。被较少谈论的是资本流动，或者金融全球化的状态。然而，资本流动过剩是导致全球金融危机的主要原因之一——可能也会是滋生下一场危机的诱因"。对于目前存在的因理论上的不准确而造成的舆论上的偏差，没有比这段话解释得更清楚、更明白的了。

人们或许会奇怪为什么全球金融不平衡这么重要的一个问题，反而在社会上并没有引起太大的关注，甚至学术界也很少对此展开讨论？我们觉得可能存在以下几个方面的原因。首先，金融是一个无形的存在，与商品有形的存在不一样，人们对有形的商品感触比较深。其次，贸易与就业密切相关，且对人们的生活影响比较大。但金融对人们生活的影响不是直接的，而是间接的。另外，学术界以往存在一个错误的观念，认为货币对经济变量的影响是中性的，然而实际并非如此。2008年全球金融危机以后，经济学界就已经抛弃了货币中性的观念，认为货币过多或过少都会对经济产生不利的影响，并对此展开了多方面的研究，货币这个变量也出现在了宏观经济模型当中。最后，由于这个问题涉及一些国家的核心利益，一些学术界人士对此常常采取视而不见的态度。

那么，为什么会出现全球金融不平衡这种情况呢？归根结底，全球金融不平衡在于布雷顿森林体系崩溃后，出现了以主权货币充当国际信用货币的信用货币时代。虽然储备货币发行国的中央银行主要针对国内的情况制定和实施货币政策，但它们不能控制流动性的流出，其结果可能会造成国内流动性与实体经济的错配。这些流动性进入新兴市场后又可能在这些国家造成两个错配，一是流动性与实体经济的错配，二是货币的错配。由主权货币充当国际信用货币所带来的流动性错配问题在金融危机以来并没有得到根本性的纠正。

综上所述，全球金融不平衡是当前全球金融体系脆弱性的关键，因而纠正或减缓这种不平衡是全球金融治理的出发点和归宿。要真正做到这一点，首先，需要在学术界形成某种共识，当前漠视这个问题的态度令人无法接受。因此，学术界应该积极关注和研究这个问题，能达成共识最好，如果达不成，至少应该对全球金融不平衡进行充分的讨论，并且应该使这种讨论扩展到决策层，再扩展到社会公众，特别是精英阶层，引起他们的关注。其次，在全球金融治理方面，特别是在近期措施这个层面，各国，特别是主要经济体之间应该进行货币政策的协调，需要强调的是，前几年在这方面G20（二十国集团）国家有过成功的经验。当然，在当前逆全球化思潮当中，这么做是存在困难的，不过在这方面还是应该进行尝试。再次，应该充分建立和发挥全球金融安全网的作用。虽然在新型冠状病毒肺炎疫情（以下简称"新冠肺炎疫情"）暴发的情况下，可以看到国际货币基金组织（IMF）发挥了重要和关键的作用，但是其借贷能力不足的缺陷也暴露出来，而增加SDR（Special Drawing Right，特别提款权）的分配是一个合理和易行的方案（易纲，2020）。除此之外，各个国家，特别是发展中国家的外汇储备稳定了其国际收支，虽然美联储进行货币互换对冲了全球美元流动性不足，但是地区金融安排这方面尚未看到明显的作用。最后，跨境资本的流动是全球金融不平衡的一个重要的传导渠道，因而，加强对跨境资本的监控和管理势在必行。我们认为需要加强以下三方面：一是国际金融机构如国际清算银行、国际货币基金组织等，应该加强对这方面数据的收集和整理，并公布于众；二是要充分发挥金融科技，特别是区块链在这方面的作用；三是对于跨境资本这个指标而言，要做进一步的细化。我们在研究的基础上开创性地提出了一个新的指标，称为快速流动资本（Quickly-Moveable Capital，QMC），作为现有指标的补充，聚焦于跨境资本中流动性较强的部分。现在跨境资本主要分为三大类：FDI（国际直接投资）、证券投资以及其他投资（主要是银行贷款）。QMC采用排除法，将这主要的三大类跨境资本中不会产生快速跨境流动的项目排除掉，也就是说把FDI排除，接着把所有央行和金融管理当局所拥有的投资资产排除，然后把银行借贷一年以上的数目排除，剩下来的就是QMC。经过预算其历年变化的轨迹、其在整个跨境资本中的比例，发现这个指标较好地刻画了跨境资本的流动性，而这正是监控、管理跨境资本的要点。我们希望我们的同行能对这个指标提出意见，共同进行研究。毋庸讳言，国际金融机构不仅应该进行改革，而且应该让更多的新兴市场国家和发展中国家在这些机构的管理中发挥更大的作用。

从长期目标这个层面来看，当前的国际货币金融体系必须有所变化、有所改革。2011年世界银行发表了一个研究报告（世界银行，2011），预计在2025年国际货币体系会出现三种可能：一是美元仍然是一个占主导地位的储备货币；二是形成一个以美元、欧元和亚洲主要货币（人民币）为核心的多元储备货币体系；三是 SDR 将成为唯一一个主要的储备货币。当时世界银行预计到 2025 年最有可能出现的是多元储备货币体系，最不会出现的是第三种可能——SDR 作为唯一一个主要的全球储备货币。当时很多人，包括我们都认同这样一个结论，现在看来这个结论并不正确。到 2025 年美元仍然是一个主要的储备货币，这是一个大概率的事件，美元所享有的"网络惯性"超过了人们的预期。然而，这并不意味着此种情况会无限期地延续下去，估计再过二三十年，多元货币储备体系可能就会形成。为什么？首先美元这样一种独霸的局面存在内在的根本矛盾，因而是不可能永久持续的。金汇兑本位时代出现的"特里芬难题"论断由于布雷顿森林体系的崩溃而被证实其有效性。在当前信用货币时代，"特里芬难题"仍然有效，只不过其表现形式有所不同，显现效果所需时间更长。2020 年 7 月过世的哈佛经济学教授法希（Farhi）生前曾从安全资产的角度论证了这一点。他认为随着美国经济在全球经济中的比例逐步下降，其他经济体所占比例不断上升，它们对安全资产的需求也在上升。在这种情况下，美国无法长期持续地提供必要的安全资产（Price, 2019）。另外，美国将美元作为武器，同时又实行量化宽松（QE）的货币政策持续地进行"大水漫灌"，这从根本上削弱了美元的信誉和可靠性。因此，虽然目前美元独占鳌头，但并不意味着美元和美元体系多么完美，而是没有一个替代品（准确地说，可以起到同样核心作用的其他货币），不过，替代品终将出现。我们相信，再过二三十年，我国的金融市场将更为强大、厚实、有韧性，人民币汇率自由浮动，人民币可以自由兑换，人民币国际化会进一步发展，因此人民币会逐步成为一个真正意义上的全球储备货币。此外，欧元也出现了新的趋势。最近欧盟通过了7 500亿欧元的救助计划，其中3 900亿欧元为捐款，并同意共同发债，这是欧盟成立后向财政一体化迈出的第一步，欧元在国际货币体系中的地位将会得到进一步加强。当然，欧盟是否继续往这个方向走下去，对于欧元的地位至关重要。

最近一段时间，数字货币特别是央行的数字货币成为大家关注的焦点。十多年前比特币横空出世，兴起了一波数字货币的热潮。人们期待这个以密码算法为基础、分布式账户为特点的货币，可以改变当前货币制度的种种缺陷。然而，经过这几年的实践，由于它的价格波动非常剧烈，比特币并没有成为人们想象中的通行的货币。2019年6月18日，脸书公司发表了Libra（脸书公司发起的加密货币项目）白皮书，再次引起了人们的遐想，认为它以其广泛的用户、多元接口能够改变全球的货币体系，但是实际上它没有，也不可能做到，当时人们就断定它可能"胎死腹中"（乔依德，2019）。2020年4月16日，脸书又发表了Libra 2.0白皮书，似乎朝后退了一步，但退得还是不够，仍不可能通过大多数国家的审核。因为除了存在着隐私权保护不够、数据泄露等合规方面的问题以外，最主要的是它损害了各个国家发行法定货币的主权。中国人民银行前行长周小川以其一贯委婉的语调曾经这样说过，当前央行的使命及组织构成"是近代文明一个重要的产物。至少目前来说，这与商业机构的目的和使命相距甚远。尚难相信冲击这一文明能有好结果"（周小川，2019）。与此相映成趣，法国经济和财政部部长布鲁诺·勒梅尔说得更直截了当，"我们要求金融创新尊重国家主权。无论是政治主权还是货币主权都不能与私人利益分享"（Le Maire，2019）。这些就充分说明 Libra 这种私人全球稳定货币，是无法达到它想达到的目的，也无法从根本上改变当前的货币制度的。受私人数字货币出现的刺激或推动，不少国家的中央银行先后开始了对法定货币的研究。国际货币基金组织副总裁张涛先生在 2020 年 3 月的一次演讲中全面论述了央行数字货币（CBDC）的益处和风险。他指出，央行数字货币可能的益处是形成更有效、更稳定的支付体系，加强金融包容性，有利于货币政策的传导，从而成为一种对抗私人数字货币的手段。潜在的风险则有银行部门间的去中介化，危机时期会出现"挤兑风险"，会对央行资产负债表和信贷分配存有负面影响，央行将负担发行的成本和风险（张涛，2020）。央行数字货币的推出虽然会有利于各个国家的货币政策更有效地实行，以及有利于普惠金融，但能否促进全球金融货币体系的根本性质改革目前还存有疑问。因为我们必须明白，跨境移动支付与货币的跨境使用并非同一件事情。货币能否自由地跨境使用，主要并不在于货币的物理形态，而在于支撑这个货币的一系列制度安排，包括这种货币是否可以自由兑换、该国的金融市场是否健全等。因此，在这方面不应过分夸大数字货币或金融科技在形成新的货币体系当中的作用。当然，这并不意味着金融科技不能发挥作用，实际上它们可以推动跨境金融交易的便利化。但这与推进一个国家货币国际化是两回事，也与根本性地改变全球金融货币体系是两回事。

| 前　言

　　前面已经提到，当前国内外学术界对全球金融失衡和治理以及国际货币体系这样一个重大问题的关注程度还远远不够。法希教授在一次面谈中被问到这个问题时，他是这样回答的：我认为这是一个巨大的错误，国际货币体系在历史上发挥了主要的作用，今天它仍然非常重要。当今许多迫切的政策问题都与国际货币体系有关，都与它今天的运行有关（Price, 2019）。正如古语所说，"不谋全局者，不足以谋一域；不谋万世者，不足以谋一时"，而国际货币体系正需要强调从全局和长期影响来谋划。

　　当然，全球金融失衡将会长期存在，因而全球治理也是一个长期的任务。但是，我们必须从现在开始对此进行研究，提出自己的见解。本书既是我们以往研究的一个小结，也是我们今后继续深入研究的一个新起点。我们谨以本书与各位同行、各位读者共勉。

参考文献

[1] 乔依德. 为什么 Libra 可能"胎死腹中"——数字货币的走势，货币制度的兴衰与国际货币体系的演化 [J]. 探索与争鸣，2019，1（11）：34-37.

[2] 乔依德. 金融危机十周年：全球不平衡是否等同于经常项目不平衡？[OL]. 金融时报中文网，2017.09.05. http://www.ftchinese.com/story/001074108?full=y&archive.

[3] 世界银行. 2011 全球发展地平线——多极化：新的全球经济 [M]. 世界银行发布，2011.

[4] 肖恩·唐南. 关注金融全球化的退潮：跨境资本流动减少 [OL]. 金融时报中文网，2017-08-28. http://www.ftchinese.com/story/001074001?full=y&archive.

[5] 易纲. 国际货币基金组织应利用 SDR 应对新冠疫情 [J]. 金融时报，2020-07-16.

[6] 张涛. 央行数字货币的优势与挑战 [J]. 清华金融评论，2020（06）.

[7] 周小川. 信息科技发展与金融政策响应 [J]. 金融市场研究，2019，79（9）：2-16.

[8] Bernanke B S. *The global saving glut and the US current account deficit* [R]. 2005.

[9] Gourinchas P O. *Global imbalances and global liquidity* [J]. Asia's Role in the Post Crisis Global Economy. Federal Reserve Bank of San Francisco，2012.

[10] Rey Hélène. *Dilemma not Trilemma: The Global Financial Cycle and Monetary Policy Independence* [J]. Proceedings，Jackson Hole，2013.

[11] Le Maire B. *Facebook's Libra is a threat to national sovereignty* [J]. Financial Times，2019.

[12] McKinsey Global Institute. *The New Dynamics of Financial Globalization* [R]. 2017.08.22.

[13] Milanovic B. *Capitalism alone: The future of the system that rules the world* [M]. Harvard University Press，2019.

[14] Price D A. *Interview: Emmanuel Farhi* [J]. Econ Focus，2019（2Q-3Q）：18-23.

[15] Shin H S, James H, Borio C. *The international monetary and financial system: a capital account perspective* [R]. Federal Reserve Bank of Dallas，2014.

[16] Shin H S. *Global banking glut and loan risk premium* [J]. IMF Economic Review，2012，60（2）：155-192.

第一篇

失衡

——全球金融体系的脆弱根源

第一章

全球金融失衡的含义

一、全球不平衡等于全球贸易不平衡吗?

2008年金融危机前后,在全球经济金融的研究文献和学术讨论中经常出现一个词:全球不平衡。它往往被简单地等同于全球经常项目不平衡或全球贸易不平衡,认为全球不平衡是一国拥有大量贸易赤字,而与之相应的贸易盈余集中在其他一些国家的现象(Rato,2005;Cooper,2007;Williamson,2010)。这类研究认为,新兴市场国家为了稳定市场或者为了增加出口、减少进口而故意压低本国汇率,从而大量积累外汇储备并将它们投资于发达国家,尤其是美国的资本市场。此举不仅降低了发达国家的进口成本,刺激了其过度消费,更主要的是压低了美国债券市场的利率,催生了对证券,尤其对房地产的过度投资(Bernanke,2005;Hideki和Nishigaki,2007),当全球不平衡不能持续时就会形成危机(李扬和张晓晶,2013)。

然而,众所周知,经济全球化不仅包括贸易,还包括投资、融资和移民等其他方面。那为什么仅仅讲贸易,而不提金融呢?为什么仅仅片面强调顺差国通过贸易盈余积攒的外汇储备对储备货币国的效应，而对金融大国大规模跨境资本活动视而不见，对储备货币发行国货币政策的低利率效应也只是点到即止呢？

2008年金融危机前夕，欧洲与美国之间的经常项目是基本平衡的，然而欧洲跨国银行通过其在美国的分行从美国的货币市场上借入大量的美元，调回到欧洲。同时在美国市场上购买大量结构性产品，形成了巨量的跨境资本流动。再加上美联储长期实施低利率政策，释放了大量的流动性，最终造成了危机前的过度繁荣。与上述机制相比，顺差国投资美国资本市场所带来的效应是非常有限的，既不是压低美国利率的主要原因，更不是金融危机的主要原因。这就是申炫松和博里奥提出的"全球银行业过剩"（global banking glut）理论。除此之外，莫迪和奥恩佐格（Mody和Ohnsorge，2010）、余永定（2014）等也认为，引起2008年金融危机的主要原因并不是全球经常项目不平衡，而是金融市场方面存在的问题。博里奥和迪斯雅塔特（Borio和Disyatat，2011）也明确反对"全球储蓄过剩"这一说法，认为"金融不平衡"是引发全球金融危机的原因。他们提出的"金融不平衡"，是指金融机构——特别是银行——资产负债表的过度膨胀以及金融资产价格的过度膨胀，进而使社会总支出的结构（包括各部门之间；也包括各区域之间，即贸易差额）变得不可持续。他们认为金融不平衡的根本原因是国际货币体系与金融体系的"弹性过大"，所谓"弹性过大"，是指现行的国际货币体系与金融体系不能有效制约持续和过度的金融膨胀。

本书在现有文献的基础上提出"全球金融不平衡",或称"全球金融失衡",认为金融不平衡是全球不平衡的重要侧面,也是现行全球金融体系脆弱性的根源所在。

什么是全球金融失衡?我们认为,全球金融失衡的本质是全球流动性的需求和供给在不同经济体之间存在持续和过度的不匹配,外在表现是国际跨境资本流动的过度增长和大幅波动,与各经济体汇率、利率及资产价格的波动相互影响、相互加强。

什么是全球流动性?国际清算银行的全球金融系统委员会(CGFS)把全球流动性定义为跨境融资的便利度(CGFS,2011)。如果将这个概念量化,全球流动性应该等于全球跨境融资总和。这些跨境融资按照提供方的不同,可分为官方流动性和私人流动性。官方流动性是指央行已经提供或随时能够提供的跨境融资,包括美元、欧元、日元、英镑、人民币等国际储备货币、央行持有的外汇储备、黄金储备、SDR,以及央行之间的货币互换安排等;私人流动性则是指央行以外的金融部门提供的跨境融资,例如发放跨境贷款、购买国际债券、购买资产支持证券等。由此可见,全球流动性的供给主要取决于储备货币国经济发展的需要、跨国金融机构追求利润和规避风险的需要。而全球流动性的需求取决于各个国家国内流动性需求和供给的缺口。因此,全球流动性在一些经济体供大于求,在另一些经济体供不应求,是经常发生的现象。如果缺乏有效的干预、调和,以致供给和需求持续和过度地不匹配,就造成了本书所提及的全球金融失衡。

二、全球金融不平衡对全球经济的冲击远大于贸易不平衡

我们分析了大量特征事实，发现全球金融不平衡对全球经济的冲击远大于贸易不平衡，具体表现为以下四个方面。

1. 金融周期的振幅远大于商品周期的振幅

经济全球化是包括商品贸易、投资、融资以及人员流动多个方面的全球一体化。投融资等金融方面的跨境活动已经大大超过了跨境贸易。20世纪60年代以后，伴随着生产链、价值链的全球布局，FDI迅速增长，更主要的是，布雷顿森林体系崩溃以后，主要国家开始逐渐放松对资本账户的管制，从而使套期保值、证券投资、衍生品投资等跨境资本流动急剧增加。2008年全球金融危机的暴发并没有使上述趋势发生改变，各国金融周期的振幅持续加大，远远超过了实体经济的解释力。

国际清算银行用信贷/GDP（国内生产总值）的周期项刻画各经济体的信贷周期与商业周期的偏离程度[①]。以美国为例，20世纪60年代至70年代，信贷/GDP的周期项最多在 −5% 附近；然而随着自由化带来的金融业繁荣，信贷/GDP的周期项在20世纪80年代一度冲高到10%；之后，从互联网泡沫开始到2008年全球金融危机的十多年时间里，该指标上升的持续性和幅度史无前例。危机暴发以后，由于对银行监管的加强和企业债务去杠杆，美国的信贷周期与商业周期的偏离度转负，幅度超过 −15%（见图1.1）。

---

① 周期项 = 实际值 − 趋势项。趋势项表示信贷/GDP受各类结构性因素影响而表现出的长期变化趋势。

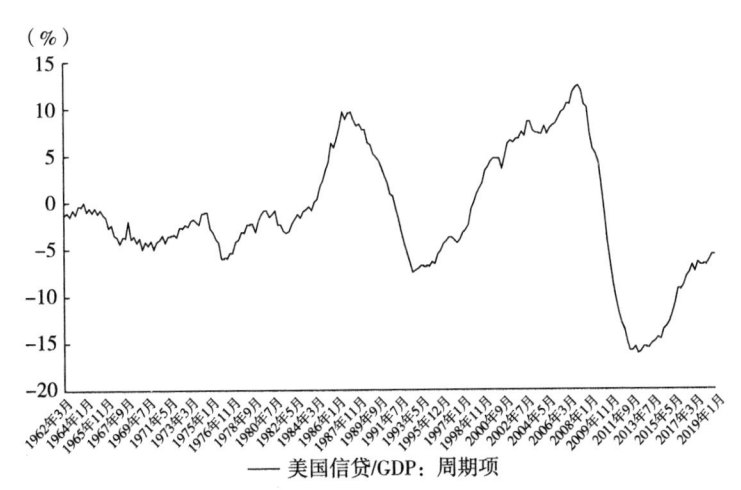

图 1.1 美国信贷周期与商业周期的偏离程度越来越大

资料来源：国际清算银行。

除了信贷市场以外，股票市场的资金波动同样加剧。根据世界银行统计的数据，全球每年股票市场新流入资金规模大约为当年全球 GDP 的 1% 左右。但是从 20 世纪末开始，全球股市资金流入量围绕 GDP 趋势的振幅明显加大，2000 年、2005 年和 2017 年分别高达全球 GDP 的 1.9%、1.9% 和 1.6%（见图 1.2）。

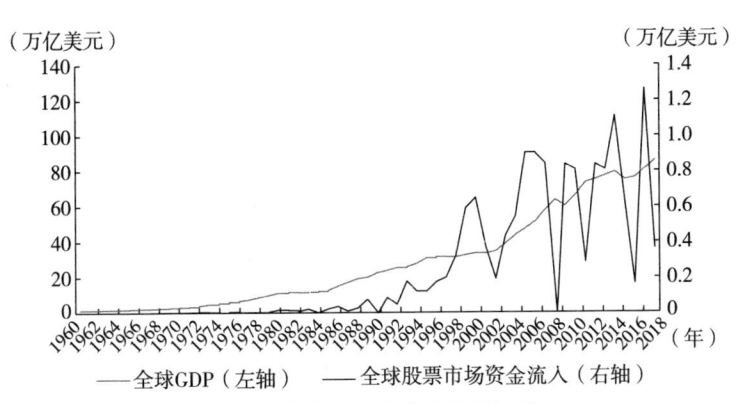

图 1.2 全球股票市场资金波动加剧

资料来源：世界银行。

此外，全球影子银行规模增长也显著快于实体经济的增长。根据金融稳定理事会（FSB）发布的影子银行监测报告，截至2018年底，全球主要经济体的金融资产规模达到379万亿美元，其中根据狭义口径估算的非银行金融中介的资产规模（或称为影子银行规模）达到51万亿美元，占主要经济体GDP的77%，这一数值在2012年只有64%（FSB，2020）。

受金融周期大幅振动的作用，商品周期的稳定性下降，顺周期性加强，宏观调控政策的难度大幅上升。

2. 资本流动的总量远大于经常账户余额

经常项目余额作为刻画全球贸易不平衡的指标是一个净量。它是一段时间内进出口贸易额的总结，很多细节在简单的正负相抵中被掩盖，不能真实反映伴随贸易的资本跨境流动的情况。比如某国年初流出5 000亿美元，年末又流入5 000亿美元，虽然从年度净量来看它等于0，但不管是流出时，还是流入时，都会对该国的汇率、利率等宏观变量产生很大的冲击。基于对跨境资本流动总量的观察，不难发现，全球流动性对主要经济体的冲击远大于国际贸易的冲击。

1999年以来，美国、欧元区和英国跨境资本流动总量一度突破3万亿美元，其中欧元区跨境资本流动总量更是曾接近5万亿美元。1999—2019年，美国、欧元区、英国和日本的年均资本流动总量分别达到19 578亿美元、23 590亿美元、14 564亿美元和6 053亿美元；而四个经济体的经常项目余额从未超过1万亿美元，这21年平均的经常项目余额仅为−4 896亿美元、1 090亿美元、−836亿美元和1 427亿美元（见图1.3）。中国的跨境资本流动总量虽然在 2008 年全球金融危机前与经常项目余额较为接近,但是在危机之后,两者的差距迅速扩大(见图 1.4)。

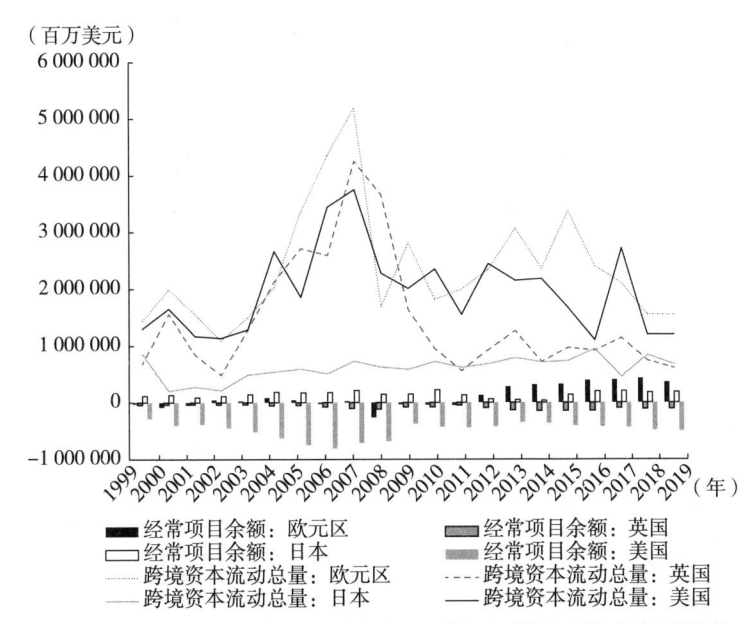

图 1.3 美国、欧元区、英国和日本经常项目余额和跨境资本流动总量的比较
资料来源:IMF。

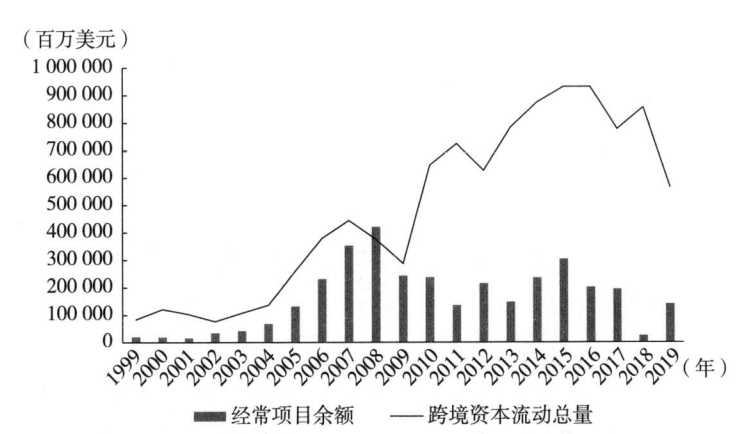

图 1.4 中国经常项目余额和跨境资本流动总量的比较
资料来源:IMF。

3. 资本流动的波动频率和幅度远大于商品流动的波动频率和幅度

跨境资本流动不仅仅在总量上远大于国际贸易。跨境资本流动中只有小部分具有贸易背景，其更多地受盈利预期和风险偏好的影响，进出频繁。也就是说，跨境资本流动总量的波动频率和幅度也远远大于贸易总额（进口与出口之和）。这是全球流动性会带来更大冲击的另一层原因。

1999—2019 年，美国、欧元区、英国和日本跨境资本流动总量的波动率（用相邻三个季度的标准差来刻画）分别达到贸易总额波动率的 4.6 倍、5.0 倍、17.8 倍和 4.3 倍（见图 1.5）。在中国，由于资本账户，特别是跨境证券投资尚未完全开放，跨境资本流动总量的波动率略低于贸易总额（见图 1.6）。

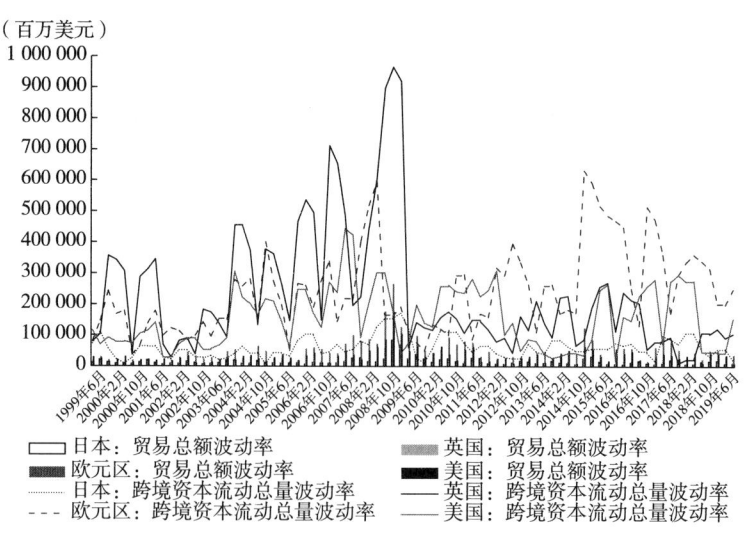

图 1.5 美国、欧元区、英国和日本跨境资本流动总量和贸易总额的波动率

资料来源：IMF，上海发展研究基金会。

注：波动率用本季度和前后两个季度数据的标准差来表示。

(百万美元)

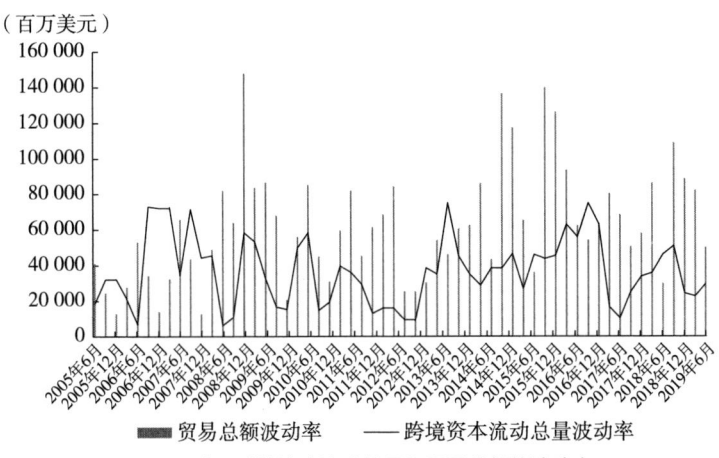

图 1.6 中国跨境资本流动总量和贸易总额的波动率

资料来源：IMF，上海发展研究基金会。

注：波动率用本季度和前后两个季度数据的标准差来表示。

4. 资本流动的集中度远大于商品流动的集中度

跨境资本流动还有一个典型的重要特征：资金集中在少数对冲基金和大型资产管理公司手中（IMF，2014）。这在贸易方面是不存在的，因此决定了跨境资本流动更容易对市场造成突然的、严重的打击（乔依德，2015）。

资产管理行业是全球金融服务业中规模最大、发展最快的行业之一。安永 2019 年发布的全球资产管理行业报告显示，截至 2019 年 6 月，全球资产管理规模较 2018 年底增长 13.2%，达到 95.3 万亿元，较 10 年前增长超过 2 倍。同时，全球资产管理市场的集中度越来越高。以美国为例，截至 2019 年 6 月，美国最大的 100 家资产管理公司的资产规模占全美国资产管理规模的 97%。其中，前 4 名的份额从 2007 年的 38% 上升到 2019 年 6 月的 50%；第 5~10 名的资产管理公司份额基本稳定，从 15% 上升到 16%；其余资产管理公司的份额则不断地遭到蚕食和挤压（见图1.7）。

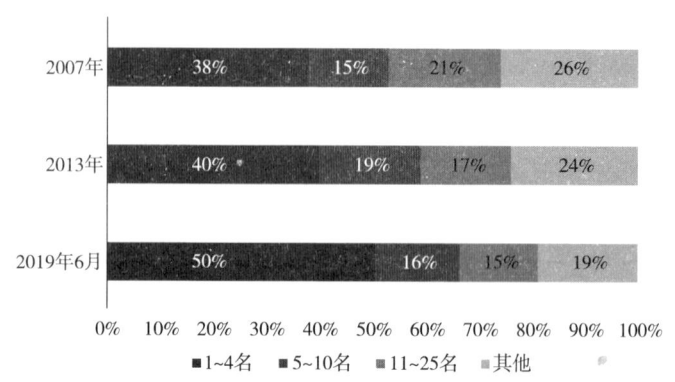

年份	1~4名	5~10名	11~25名	其他
2007年	38%	15%	21%	26%
2013年	40%	19%	17%	24%
2019年6月	50%	16%	15%	19%

图1.7 美国最大的资产管理公司占全美资产管理规模的比例

资料来源：安永（2019）。

全球对冲基金市场的集中度低于资产管理公司，但也达到了很高的水平。根据芝加哥对冲基金研究公司（HFR）的统计，截至2019年第二季度，全球对冲基金资产规模已经达到3.25万亿美元。如图1.8所示，根据《养老金与投资》（Pensions & Investments）杂志公布的数据，

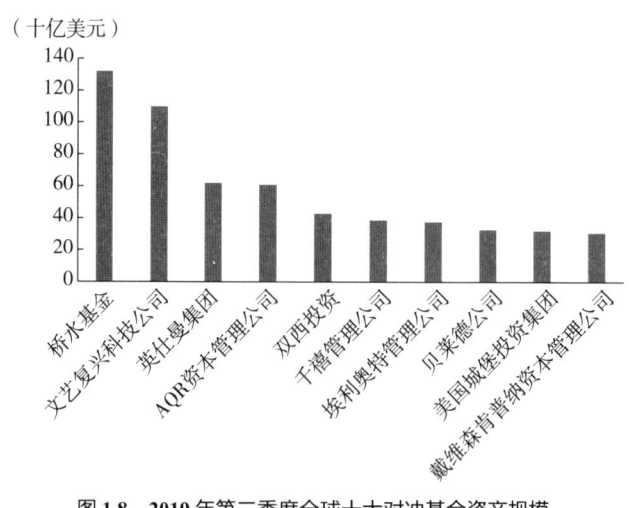

图1.8 2019年第二季度全球十大对冲基金资产规模

资料来源：《养老金与投资》杂志。

截至 2019 年第二季度，全球最大的对冲基金桥水基金管理资产 1 320 亿美元，约占全球规模的 4.1%；前十大对冲基金共管理资产 5 804 亿美元，占全球规模的 17.9%。

总之，全球金融不平衡所引发的资本流动的频率、规模、集中度远强于贸易不平衡所引起的商品流动，因而对全球经济的冲击也远大于后者。

三、全球金融失衡的经济后果

1. 对全球经济增长的稳定性构成巨大威胁

回顾 20 世纪 80 年代以来（即布雷顿森林体系瓦解以后）的全球经济，一共出现过两次衰退、一次濒临衰退和两次突然放缓。除了 2020 年的全球经济衰退[①]是由新型冠状病毒肺炎大流行引发之外，其余 4 次在时点上都与区域性或全球性的金融危机相契合，其原因都与金融不平衡有着密切的联系。

1982 年发达经济体和新兴经济体增长速度同步放缓，全球经济增速下降到 0.6%。其背景是 20 世纪 70 年代拉美国家经济快速增长，墨西哥 10 年平均增长率达到 6.5%，1978—1981 年的经济增长率分别为 8.2%、9.2%、8.3% 和 8.1%。另外，拉美国家债务大幅积累，特别是从发达经济体流入的外债规模迅速膨胀。1975 年，拉美国家外债余额约为 685 亿美元；到 1982 年底，增长超过

---

① IMF 于 2020 年 6 月发布的《全球经济展望》预测 2020 年全球经济增速为 −4.9%。

3倍，达到3 000亿美元，约占新兴经济体外债总额的48%（齐楚，1983）。然而1978—1980年，"伊斯兰革命"和"两伊战争"触发了第二次石油危机，原油价格飙涨导致发达经济体通胀高企，1980年发达经济体整体的居民消费价格指数上升了13.6%。作为对策，各国央行纷纷开始提高利率，沃克尔领导的美联储在1981年将联邦基金利率提高到19%。这不仅加剧了发达经济体的滞胀程度，而且还彻底刺破了拉美国家的债务可持续性，造成了债务违约、资本外流、经济衰退的恶性循环（见图1.9）。

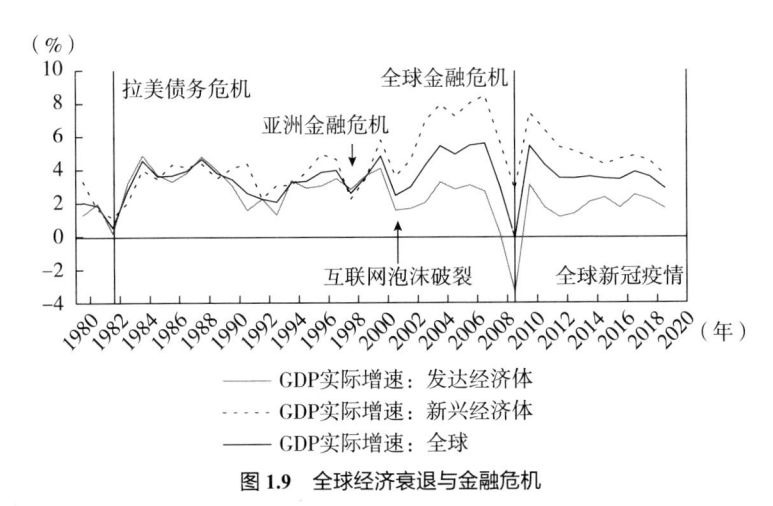

图1.9 全球经济衰退与金融危机

资料来源：IMF，上海发展研究基金会。

时隔16年后，拉美国家的遭遇降临在了亚洲国家，即为人所熟知的亚洲金融危机。从20世纪80年代末开始，东南亚经济体迎来高速增长期。在境内投资热和境外低利率的共同驱动下，这些经济体开始大量举借外债。以危机之始的泰国为例，1988—1996年资本流入快速增长，1995年达到254亿美元，约为1980—1987年的年均资本流入额的15倍；资本流出则可以忽略不计。然而从1997

年开始，资本流动的格局发生了毫无征兆的逆转，与1996年相比，资本流入突然减少60%，而资本流出增加了21倍。跨境资本的巨大波动和集中度致使泰国于1997年7月2日宣布放弃固定汇率，泰铢在之后半年内贬值了50%（见图1.10）。泰国的突发情况使东南亚其他经济体的金融市场陷入恐慌，随后资本外逃、汇率崩盘在马来西亚、菲律宾、印度尼西亚、新加坡等经济体依次上演，就连中国香港、中国台湾、韩国、日本等其他亚洲经济体也受到了严重的波及。亚洲金融危机导致亚洲新兴经济体增速从1996年的8.4%断崖式下滑至1998年的2.8%，使全部新兴经济体增速从1996年的4.9%下降至1998年的2.3%，全球经济增速从3.8%下降至2.6%。

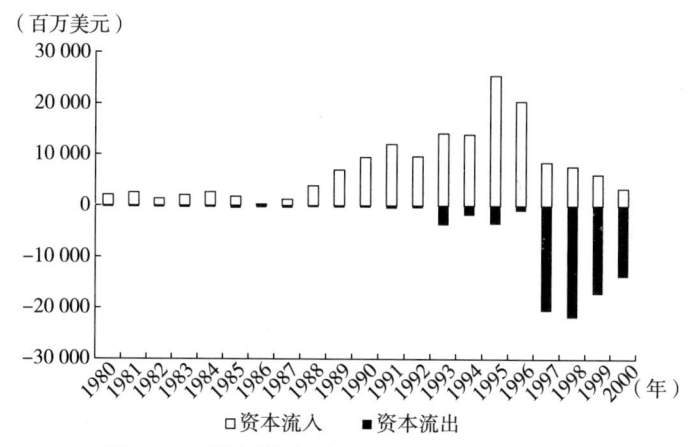

图 1.10 亚洲金融危机前后泰国跨境资本流动的剧变

资料来源：IMF，上海发展研究基金会。

此后，2001年互联网泡沫破灭和2008年全球金融危机均爆发于发达经济体。前者表现为股票价格的大涨大跌，后者表现为房地产价格的大涨大跌，但两者背后都是由于发达经济体本国或本地区信贷和国际流动性的快速膨胀和突然冻结。互联网泡沫破灭之前的

1996—2000 年，国际资本开始加速流入美国股票市场，每年的流入额从 111 亿美元提高到 1 936 亿美元，累计上升约 16 倍。但是从 2001 年开始，美国股票市场的跨境资本流入和流出均大幅萎缩，2002 年的流入额和流出额分别只有 2000 年的 28% 和 16%。美国次贷危机前后的情况也是如此。2002—2007 年，美国跨境信贷的流入和流出规模快速上升，但在 2008 年双双大幅萎缩，跨境信贷流入额下降 45%、流出额下降 39%（见图 1.11）。上述两次金融动荡表明，国际流动性的快速膨胀或突然冻结可能表现为跨境资本流入和资本流出的同时上升或同时下降，因而通过资本流动的净量指标是难以观察的，但是这恰恰会对人们的风险偏好、投资、消费以及宏观经济增长带来重大冲击，这些冲击并不局限于单个经济体，容易在区域甚至全球范围内迅速传染。互联网泡沫破裂使发达经济体增速从 2000 年的 4.1% 下降到 2001 年的 1.6%，使全球经济增速从 4.8% 下降到 2.5%；2008 年全球金融危机使发达经济体增速从 2007 年的 2.7% 下降到 2009 年的 -3.3%，使全球经济增速从 5.6% 下降到 -0.1%。

然而，没有历史经验证明贸易不平衡会对全球经济增长造成直接的伤害。也许有读者会问，拉美经济体和亚洲经济体的持续贸易逆差是不是拉美债务危机和亚洲金融危机的潜在诱因呢？可能是。但是贸易逆差无法解释新兴经济体资本流入的突然反转，也无法解释发达经济体跨境资本流入和流出同时或突然冻结，更无法解释金融动荡的国际传染。综上所述，近几十年来全球经济增长的主要威胁来自金融动荡，对金融动荡的认识则绕不开金融不平衡的视角。

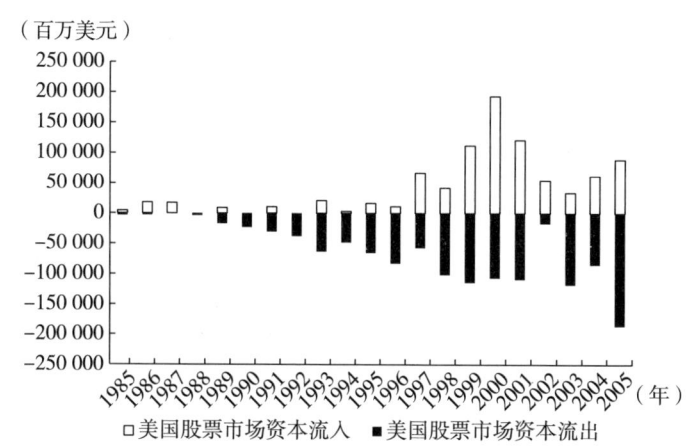

图1.11 互联网泡沫破裂前后美国股票市场跨境资本流动的剧变

资料来源：IMF，上海发展研究基金会。

2. 导致全球发展不平衡雪上加霜

如上文所述，全球金融不平衡的外在表现是跨境资本流动大进大出以及国际汇率、利率及资产价格大涨大跌。在这些过程中，财富分配总体上向高净值人群倾斜，这在很大程度上加剧了全球发展不平衡。全球发展不平衡可以从两个层面来理解，一是经济体之间人均收入的相对变化，二是经济体内部收入分配格局的变化。

从各经济体之间来看，得益于经济全球化，全球总体的基尼系数自21世纪初显著下降（Milanovic，2019）。但是对于个别经济体，特别是刚刚起飞的新兴经济体而言，国际金融动荡通常会打断其人均收入的上升。拉美债务危机打断了拉美国家人均收入追赶发达经济体的进程。以墨西哥为例，1977年其人均GDP为美国的13.8%，短短4年之后上升到美国的27.2%。但是经历了1982年的债务危机后，该国与美国人均收入的差距再次扩大。1986年，墨西哥的人均GDP只有美国9.1%，此后虽有起伏，但最高时也只有美国的

21%，2019年是美国的15.1%，即落入了人们常说的"中等收入陷阱"。类似的还有，亚洲金融危机打断了东南亚经济体迈向高收入的步伐。以泰国为例，1988年该国人均GDP只有美国的5.2%，此后连年上升，1996年达到美国的10.2%。但是亚洲金融危机后，1998年回落至美国的5.6%，2001年只有美国的5.1%。中国加入世界贸易组织以后，带动其他亚洲经济体增速回升，但截至2019年，泰国与美国的人均GDP之比只回升到12%，略高于1996年的水平。最后，不得不提20世纪末日本的遭遇。与拉美、东南亚经济体不同，日本成功跨过了"中等收入陷阱"，人均GDP从1987年开始超过美国。但是经历过20世纪80年代末的汇率升值、外资涌入和20世纪90年代初的股市、楼市泡沫破裂，日本与美国的人均GDP之比出现了拐点：1995年达到最高的151.4%，1998年回落到97.1%，此后不断下降，截至2019年只有61.7%。图1.12展示了墨西哥、泰国、日本三国人均GDP与美国人均GDP的比。

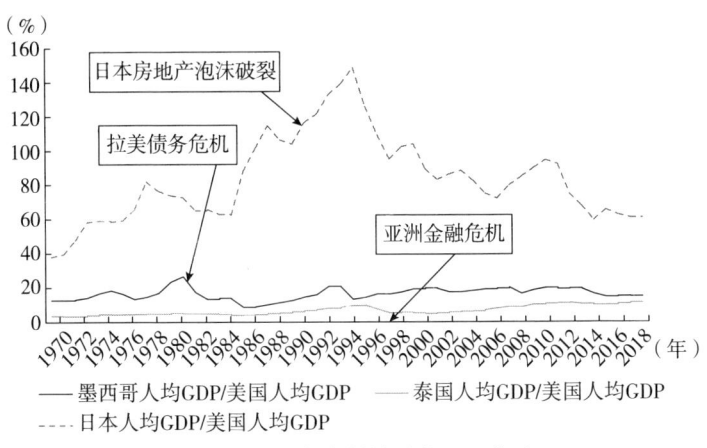

图1.12　国际金融动荡与人均GDP拐点

资料来源：世界银行，上海发展研究基金会。

第一章 全球金融失衡的含义

从经济体内部来看，特别是发达经济体内部，收入分配进一步向富人倾斜，导致贫富差距继续扩大。以美国为例，世界银行估计2016年美国基尼系数达到0.415，收入前10%的人群其收入占全社会收入的30.6%，这两个比值都曾在2010年有所下降，此后开始回升，目前均为21世纪以来的最高水平，图1.13显示了美国贫富差距在金融危机后逐渐加大。这背后有三方面的原因。一是2008年全球金融危机爆发以后，各国央行的一致行动使得全球流动性史无前例地宽裕，推动了发达国家资产价格快速上涨。资产价格的快速上涨自然有利于高储蓄者。从2009年1月至2019年12月，美国纽约综合指数累计上涨168%，美国纳斯达克综合指数累计上涨487%；同期日经225指数累计上涨196%。欧洲债券价格在危机后的累计涨幅显著高于美国和日本，2年期欧洲政府债券平均收益率从2008年的4.5%左右下降到2019年的接近0%。此外，联邦住房供给金融局公布的美国房屋价格指数从2011年1月至2019年12月累计上涨56%，较危机前的高点上涨了25%。2020年初，全球新冠肺炎疫情导致全球股票价格普遍暴跌，但是在各国央行再次大量投放流动性之后，全球股票市场迅速回升。截至2020年6月，美国纳斯达克指数已经超过2020年1月的高点约10个百分点。二是发达经济体金融业的繁荣和高利润使得人才、资金等生产要素向金融业集聚，反过来造成了制造业的"空心化"，压低了制造业劳动者的收入增长速度。三是经济、金融全球化以及美元、欧元充当国际货币的利益主要被跨国企业和跨国金融机构攫取，中低阶层并不直接受惠。而跨国企业和跨国金融机构的所有者和高级管理者通常可以逃避税收，导致收入再分配机制的效果也不理想。

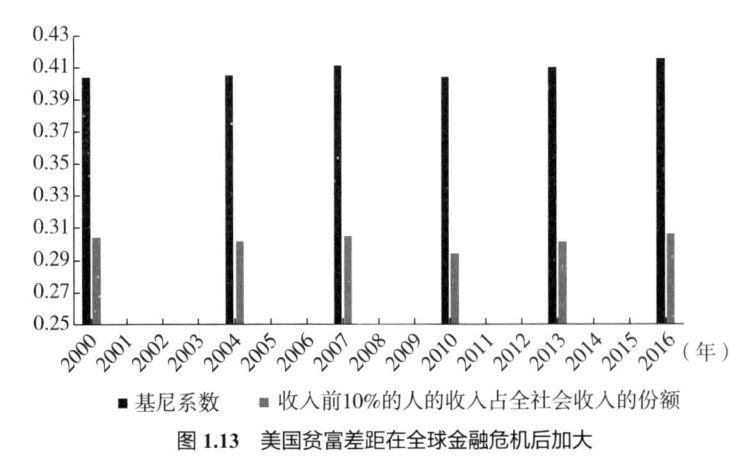

图 1.13　美国贫富差距在全球金融危机后加大

资料来源：世界银行。

四、全球金融失衡的根源

前文提到，全球流动性会在有的地区供大于求，同时在有的地区供不应求。这种供需的不匹配超过一定的程度或持续过长的时间，就是本书所提到的全球金融失衡。读者可能追问，全球流动性的供给和需求为什么不像商品的供给和需求那样会自动调节出清呢？这是因为全球金融失衡的根源在于现行的国际货币体系。

第一，现行的国际货币体系是信用本位制。央行发行货币可以不依赖任何物质储备，只需要保证该经济体的产出和物价平稳增长。在正常情况下，央行不需要考虑货币发行对金融稳定的影响。但是金融市场具有天然的顺周期性，央行周期性地放松和收紧银根，通常导致流动性的过度膨胀和过度收缩。在金本位制乃至后来的布雷顿森林体系下，金融危机的发生频率远小于布雷顿森林体系瓦解以后。以19世纪末期为例,当时的全球贸易格局、跨境资本流动的自由度都与21世纪初期比较相似。首先,英国是当之无愧的世界工厂,初级产品进口接近全球的30%,制成品出口超过全球的30%;北美洲(主要是美国)和其他地区(主要是日本)的贸易结构均以出口初级产品、进口制成品为主(贺力平,1989),因此全球贸易处于显著和持续的不平衡状态,这和21世纪初中国加入世界贸易组织后的情况相似(见表1.1)。其次,当时跨境资本的流动性虽然略低于2000年的水平(Obstfeld和Taylor,2003),但同处于历史的高位。事实上,19世纪末期至20世纪初期没有大的金融危机发生,原因就是金本位制极大地限制了金融市场的"弹性"。由于各国政府没有控制货币发行的权利,贸易顺差必然导致黄金流入,后者自然增加本币的供给(假设货币的含金量不变)。在此背景下,汇率、利率和资产价格具有较高的确定性和可预测性,资本大规模、高频率地跨境流动以求价格发现、风险对冲的动机并不强烈(见图1.14)。

表1.1 19世纪末期主要经济体在全球初级产品和制成品贸易中的份额

进口		1876—1880年		1896—1900年		1913年	
		出口	进口	出口	进口	出口	进口
英国	初级产品	29.7	3.1	25.8	3.9	19.0	6.2
	制成品	9.1	37.8	10.4	31.5	8.2	25.3
美国与加拿大	初级产品	7.2	16.1	8.5	18.7	11.3	17.3
	制成品	7.7	4.4	9.6	7.4	12.1	10.6
欧洲大陆	初级产品	50.5	42.8	65.4	45.7	55.4	39.9
	制成品	31.4	56.3	32.5	66.1	39.8	56.1
其他地区	初级产品	12.6	38.0	10.3	31.7	14.3	36.6
	制成品	51.8	1.5	47.5	5.0	39.9	7.9

资料来源:贺力平(1989)。

图1.14 全球跨境资本的流动性

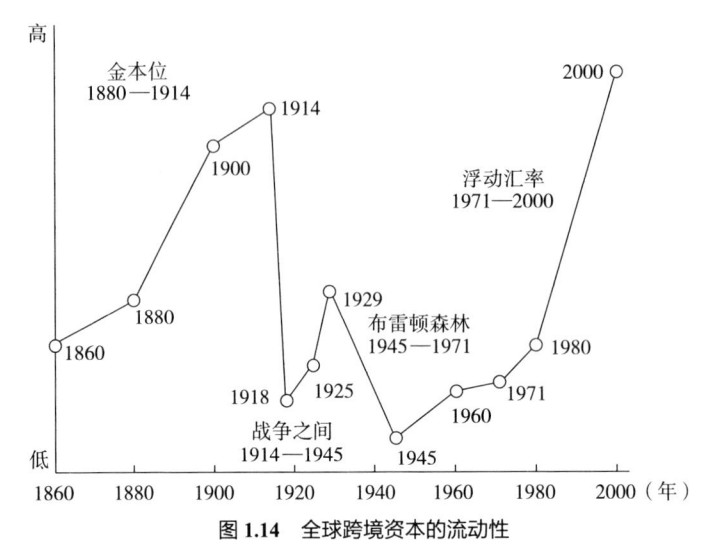

资料来源：Obstfeld 和 Taylor（2003）。

第二，现行的国际货币体系是以少数几种主权货币（美元、欧元）充当全球信用货币的。储备货币国家货币政策首先要应对国内经济金融状况对流动性的需求。当非储备货币国家金融周期与储备货币国家金融周期不一致时，储备货币国，尤其是美国的货币政策将成为非储备货币国金融动荡的冲击源头之一。这一方面给非储备货币国货币政策独立性带来了严重的挑战（Rey，2013），另一方面使全球金融风险的联系性大大提高，使局部金融动荡更容易迅速扩散到其他地区，形成大范围的金融危机。

第三，现行的国际货币体系中，主要储备货币的国际地位与本国经济的国际地位不匹配。根据环球同业银行金融电讯协会（SWIFT）的数据，2019年12月美元和欧元在国际支付中的份额分别为42.2%和31.7%，合计占比73.9%；而根据世界银行的数据，2018年美国和欧元区的GDP分别只有全球GDP的21.6%和

16.9%，合计仅占 38.5%。这产生了两个消极的结果，一是储备货币国的货币政策变化会对使用其货币的新兴市场和发展中国家产生巨大的外溢效应（上海发展研究基金会，2018），二是储备货币国在使用货币政策应对国内经济周期时的效率变得十分低下。当然，随着全球储备货币体系的多元化发展和人民币国际化的推进，这个层次的结构性不平衡会有所缓解。

那么，当前这种国际货币体系又是如何形成的？它是否容易被改变呢？实际上，美元作为国际信用货币的安排是第二次世界大战后重塑的地缘政治秩序的重要组成部分。这一地缘政治秩序以美国为中心，美国承担维持秩序的最高责任，以美元为中心的国际货币体系则使美国必须承担上述责任。正如美国弗吉尼亚大学政治学教授施瓦兹撰文指出的，美元融资使得美国有足够军费维护全球安全；美元的国际使用使美联储能在全球金融动荡中承担全球央行责任。当然，美国也从中受益。美元的国际地位支撑了美国金融业的繁荣、美国经济的循环以及美联储政策的有效性（Herman Mark Schwartz，2020）。因此，尽管当前的国际货币体系存在种种缺陷，例如造成本书所说的全球金融不平衡，但是在地缘政治秩序不发生根本性变化的情况下，国际货币体系也很难发生改变。在国际货币体系不变的前提下，国际社会必须通过加强和完善全球金融治理尽量减轻全球金融不平衡的负面影响。

参考文献

[1] 贺力平. 19 世纪国际贸易的增长与世界经济发展的相互关系 [J]. 世界经

济，1989（5）：50–55.

[2] 李扬，张晓晶. 失衡与再平衡——塑造全球治理新框架［M］. 中国社会科学出版社，2013.

[3] 齐楚. 拉美国家的债务危机［J］. 现代国际关系，1983（05）：42–45.

[4] 乔依德. 全球流动性、金融周期和不平衡. 上海发展研究基金会研讨实录［C］. 2015（79）.

[5] 上海发展研究基金会. 全球金融格局的变化和中国对外金融［R］. 2018.

[6] 安永. 2019年全球资产管理行业报告［R］. 2019.

[7] 余永定. 国际收支平衡问题的几点看法［J］. 中国金融40人论坛第91期"双周圆桌"内部研讨会上的主题演讲，2013-12-19.

[8] Ben S. Bernanke, *The Global Saving Glut and the U.S. Current Account Deficit*, a speech delivered for the Sandridge Lecture at the Virginia Association of Economists, Richmond, March 10, 2005.

[9] Bernanke B. *The Global Saving Glut and the US Current Account Deficit, Sandridge Lecture*［J］. Virginia Association of Economics, Richmond, Virginia, 2005-03-10.

[10] Borio C, James H, Shin H S. *The international monetary and financial system: A capital account historical perspective*［J］. BIS Working Paper No. 457, 2014.

[11] Borio C, Disyatat P. *Global imbalances and the financial crisis: link or no link?*［J］. BIS Working Paper No. 346, 2011.

[12] Caballero R J. *Understanding global imbalances*［J］. Economics at MIT: Research Highlights, 2007, 1.

[13] De Rato R. *Correcting global imbalances—Avoiding the blame game*［J］. Remarks before Foreign Policy Association, New York, February, 2005, 23.

[14] FSB. *Global monitoring report on non-bank financial intermediation 2018*［J］. Financial Stability Board. 2019-02-04.

[15] Hélène R. *Dilemma not Trilemma: The Global Financial Cycle and Monetary Policy Independence*［J］. Proceedings, Jackson Hole, 2013.

[16] IMF. *Global Financial Stability Report. Risk Taking, Liquidity, and Shadow Banking: Curbing Excess while Promoting Growth*［J］. 2014.

[17] Landau J P. *Global liquidity-concept, measurement and policy implications*［J］. CGFS Papers, 2011, 45: 1–33.

[18] Milanovic B. *Capitalism alone: The future of the system that rules the world*[M]. Harvard University Press, 2019.

[19] Nishigaki H. *The impact of the appreciation of East Asian currencies on global imbalance*[J]. Economics Bulletin, 2007, 6(42): 1-6.

[20] Obstfeld M, Taylor A M. *Globalization and capital markets: Globalization in historical perspective*[M]. University of Chicago Press, 2003: 121-188.

[21] Ohnsorge F, Mody M A. *After the crisis: Lower consumption growth but narrower global imbalances?*[M]. International Monetary Fund, 2010.

[22] Schwartz H M. *The Dollar and Empire. Phenomenal World*[OL]. 2020-07-16.[Cited: 2020-07-30.] https://phenomenalworld.org/analysis/dollar-and-empire.

[23] Shin H S. *Global banking glut and loan risk premium*[J]. IMF Economic Review, 2012, 60(2): 155-192.

[24] Williamson J. *The future of the reserve system*[J]. Journal of Globalization and Development, 2010, 1(2).

第二章

全球金融失衡的传导与冲击

全球金融失衡以全球流动性为媒介进行传导。传导的源头主要是发达经济体的中央银行对基准利率或基础货币的调控，中间环节是全球金融中介的流动性创造，它的冲击对象主要是金融较为脆弱的新兴经济体。

一、发达经济体货币政策对全球流动性的驱动

发达经济体货币政策的常规模式是通过公开市场操作控制短期基准利率。当然，在非常规的量化宽松模式下，央行通过购买长期资产，稳定长期利率，或直接将基础货币注入特定的实体经济部门。当货币政策放松时，且在总需求小于总供给的约束上限、金融市场有效等条件之下，企业投资、家庭消费等需求就会得到刺激，宏观经济逆周期调节的目标就可以实现。

除刺激经济增长以外，宽松的货币政策还产生了附加效果，即债务人和债权人的风险偏好都会上升，他们对投资标的及自身风险的评估会逐步下调。一旦金融中介系统性地低估风险，就意味着过度的风险承担（risk taking）和流动性创造。

这一论断是有理论依据的。在下一节以及附录，我们将引入金融市场的内生模型，阐述杠杆率、名义利率和风险偏好是如何内生作用的。模型的基础是理性的债权人和债务人依据各自的利润函数和风险控制标准进行博弈和决策。而货币政策对利率这一内生变量施加干预，必然产生"牵一发而动全身"的效果。以常规的宽松政策为例，名义利率的下降虽然是受央行意志的结果，但也必然反映出金融中介对实际风险评估的下调。如果不是这样，他们为什么会同意债务人减少单位借款的还款额呢？另外，随着总需求扩张，金融中介存在扩大资产负债表的动机，这就要求他们适当地放松风险控制原则。如果不是这样，他们如何向全社会提供更多的融资呢？道理是相似的，当货币政策收紧时，金融市场风险偏好就会下降。

从历史经验看，美国联邦基金利率大约领先 VIX 18 个月。美国联邦基金利率是美联储的目标利率，其上升代表着美国货币政策的收紧；VIX 是根据期权交易价格推算得到的标的资产价格的隐含波动率，其上升代表着全球金融市场风险偏好的下降。1990 年以来，VIX 的走势与 18 个月前美国联邦基金利率的走势高度一致。直到 2020 年，这一规律依然保持着。2015 年底，美联储正式告别了应对全球金融危机的非常规货币政策，开始加息。而 VIX 恰恰从 2017 年年中开始趋势性回升。该轮美联储加息持续到 2018 年底，而 VIX 在 2020 年上半年大幅上升（见图 2.1）。

全球风险偏好的下降/上升和全球流动性的收缩/膨胀是相互伴随的。假设很大一部分的全球流动性是由美联储和美国金融机构

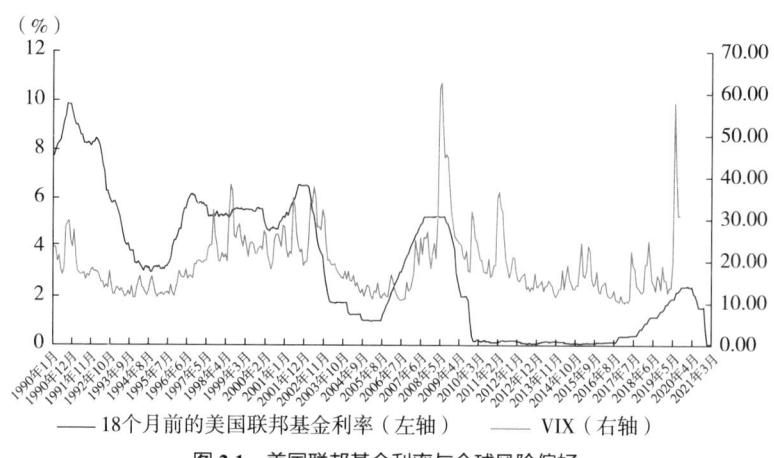

图 2.1 美国联邦基金利率与全球风险偏好

资料来源：美联储，CBOE。

提供，那么美国的跨境资本流动总量可以作为全球流动性的一个代理变量。历史经验显示，VIX 和美国跨境资本流动总额的趋势呈现反相关关系。2002—2006 年，全球金融市场走出亚洲金融危机和互联网泡沫破裂的阴影，VIX 逐渐下行到历史低位，同时，美国的跨境资本流动总量则攀升到历史高位；2007—2008 年，全球金融危机爆发，VIX 大幅上升，美国跨境资本流动总量则迅速收缩了近一半；2009—2016 年，VIX 在波动中下行，美国跨境资本流动总量没有继续收缩，总体保持了平稳；2017 年开始，VIX 再次显著上升，美国跨境资本流动总量进一步收缩（见图 2.2）。

确实，每一次全球金融的动荡都是由不同的重大事件引发的，例如前面提到的 2008 年全球金融危机、2020 年全球新冠疫情。然而，从流动性的视角可以给出一致的解释。发达经济体央行逐步加息，直到其认为利率达到实体经济的适宜程度。而全球金融市场的反应滞后：在利率较低的时期，债务大量积累；在利率上升的时

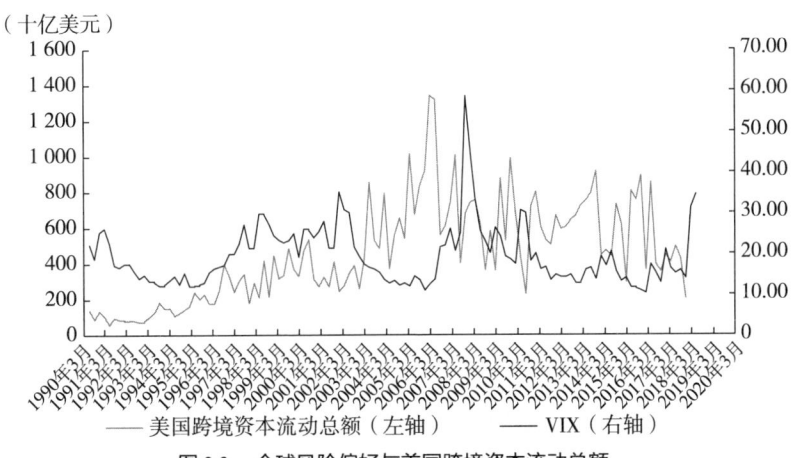

图 2.2 全球风险偏好与美国跨境资本流动总额

资料来源：IMF，CBOE。

期，虽然债务的偿还越来越困难，但仍然可以通过"借新还旧"维持；最终在某一时刻，因为某一事件，系统性风险彻底暴露，引发全球金融市场恐慌和全球流动性的突然停止（sudden stop）。

驱动全球流动性的发达经济体央行不仅仅是美联储，至少还包括欧洲央行、英格兰银行和日本银行。20 世纪 80 年代以来，这些央行的政策利率走势总体上是一致的，尽管也存在暂时性的分歧。例如，2008 年全球金融危机后，美联储果断把基准利率降到 0 附近，欧洲央行却在 2011 年选择了加息，并于同年下半年又转为降息；2016 年，欧洲央行也没有跟随美联储开启货币政策正常化，但是 2020 年初新冠疫情冲击全球，美联储火速将联邦基金利率降至 0 附近，并重启了量化宽松政策。在发达经济体央行政策暂时分化的情况下，美联储对全球风险偏好和全球流动性的未来走向起到了决定性作用（见图 2.3）。

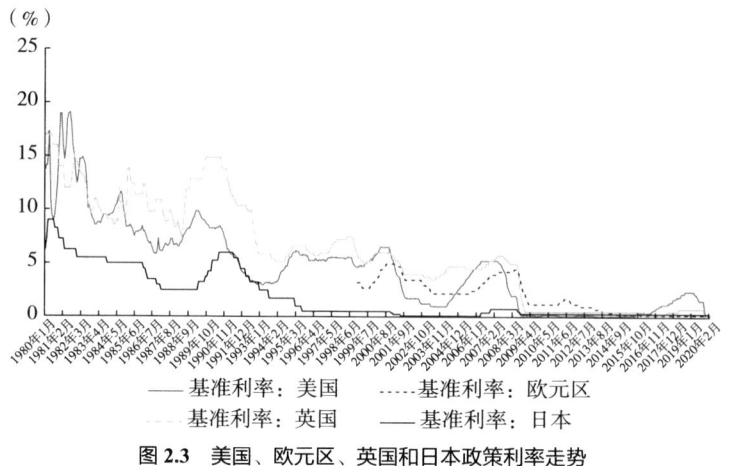

图 2.3　美国、欧元区、英国和日本政策利率走势

资料来源：美联储，欧洲央行，英格兰银行，日本银行。

二、金融中介的流动性创造

许多研究已经表明，金融中介机构主要是通过加杠杆的方式扩张其资产负债表，并创造流动性。很多学者（如 Adrian、Shin、Bruno）从美国金融中介的数据发现证据，证明金融中介资产负债表的扩张几乎完全是通过债务融资的。那么，什么决定了金融中介机构的杠杆率？

考虑一个最简单的债务合约：债权人在期初借给债务人 D，约定债务到期时一次性还款 $\overline{D}$，债务人投资于一项期末资产为 $\overline{A}$ 的项目，项目的期望收益率为 r。假设债权人的资金成本和债务人权益的资本成本均为 0，债权人和债务人都是风险中性的，且不考虑通货膨胀，那么这相当于债权人以 $\overline{D}-D$ 的价格卖出一个以 $\overline{A}$ 为标的资产、以 $\overline{D}$ 为执行价格的看跌期权。类似地，债务人相当于

以 $\overline{D} - D$ 的价格买入一个以 $\overline{A}$ 为标的资产、以 $\overline{D}$ 为执行价格的看跌期权。

之所以从期权的角度来看债务合约是因为期权定价公式中包含隐含波动率，从而便于我们厘清杠杆率、利率和风险偏好之间的内在关系。我们建立了一个基于债权人、债务人利润函数和风险控制原则的模型，推导了杠杆率、利率和风险偏好三者相互作用的机制。对此感兴趣的读者可参阅本书附录。在此，我们仅对模型的关键逻辑做非技术性的阐述。

首先，当风险偏好不变时，杠杆率和利率正相关。风险偏好不变意味着宏观经济周期不变、货币政策不变、黑天鹅事件没有发生等，因为这些事情都会影响市场的风险偏好，所以风险偏好不变是一个理想假设，相当于在静态（所有环境变量不变）情况下，更高的杠杆率与更高的利率是相对应的。

如果债务人想提高杠杆率，债权人必然要求其支付更高的利率。这是因为看跌期权的执行价格上升，导致看跌期权的定价上升，其背后是更多的风险从债务人向债权人转移，于是后者要求更高的名义利率作为承担风险的补偿。反过来，如果在风险不变的情况下，利率上升，意味着债务的边际收益上升，这将刺激债权人更积极地放款，从而会提升杠杆率。

其次，当杠杆率不变时，风险偏好和利率负相关。如果风险偏好较低，债权人认为他承担了更大的违约风险，他要求的利率也较高。从另一侧面来讲，市场利率的变动反映了金融中介风险偏好的变化。图 2.4 展示了美国长期利率与全球跨境资本流动总量的

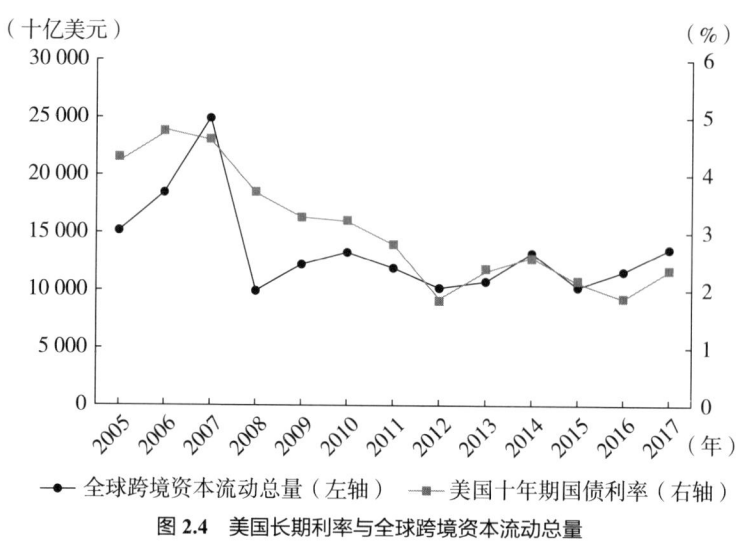

关系。

图 2.4 美国长期利率与全球跨境资本流动总量

资料来源：IMF，美联储。

最后，当利率不变时，风险偏好和杠杆率正相关。在较低的风险偏好下，债权人放款和债务人借款都会较为谨慎，导致杠杆率水平较低。杠杆率水平也会反过来影响市场的风险偏好。例如，在经济衰退时期，全社会杠杆率不断萎缩而利率没有下降，债权人和债务人势必会推测全社会债务违约的风险正在上升，从而下调他们的风险偏好，这就可能造成债务收缩——通货紧缩的恶性循环；如果此时政府积极地加杠杆，稳定宏观经济预期，债权人和债务人的风险偏好则可能企稳甚至回升。

综上所述，杠杆率、利率和风险偏好的内生关系存在一个唯一的均衡解，利率和风险偏好决定了均衡状态下的杠杆率。但在现实中，这三个变量还受到其他诸多因素的影响，特别是风险偏好这个变量。人们对于外部信息的冲击容易产生过度反应，因此风险偏好更容易出现大幅波动,从而使杠杆率和利率产生相应的波动,这就解释了流动性的变化为什么往往比实体经济的变化更为频繁和剧烈(见图2.5)。

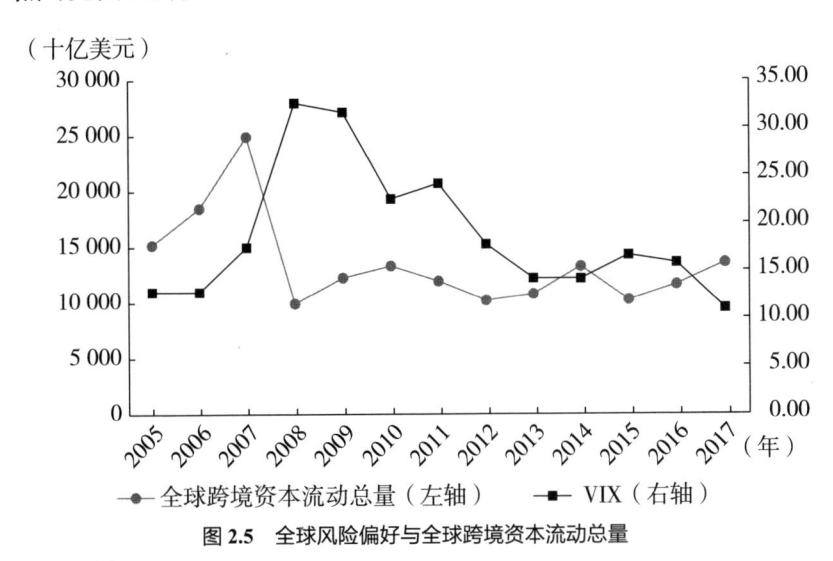

图 2.5 全球风险偏好与全球跨境资本流动总量

资料来源:IMF, CBOE。

三、新兴经济体承受的金融外部冲击

全球流动性受发达经济体央行驱动、由全球金融中介创造(或消灭),最终作用于全球各经济体。其中,新兴经济体受到的冲击尤其显著:既表现为风险偏好和跨境资本流动的急剧变化,同时又表现为汇率、利率、资产价格的大起大落。

从 CBOE 公布的标普 500 指数隐含波动率与新兴市场股指隐含波动率来看,两者的走势高度一致,说明风险偏好会在发达经济体和新兴市场之间迅速、有效地传导。其背后的逻辑大致如下。

在跨国投资者眼中，成熟市场通常提供低收益、低风险、高流动性的资产，新兴市场通常提供高收益、高风险、低流动性的资产。因此，当全球流动性宽裕的时期，跨国金融机构加大对新兴市场资产配置，以求投资收益的最大化；当发达经济体央行收紧货币政策或金融风险事件发生，导致全球流动性突然紧缩时，跨国金融机构通常优先抛售新兴市场资产，以求最大限度地获取流动性（见图2.6）。

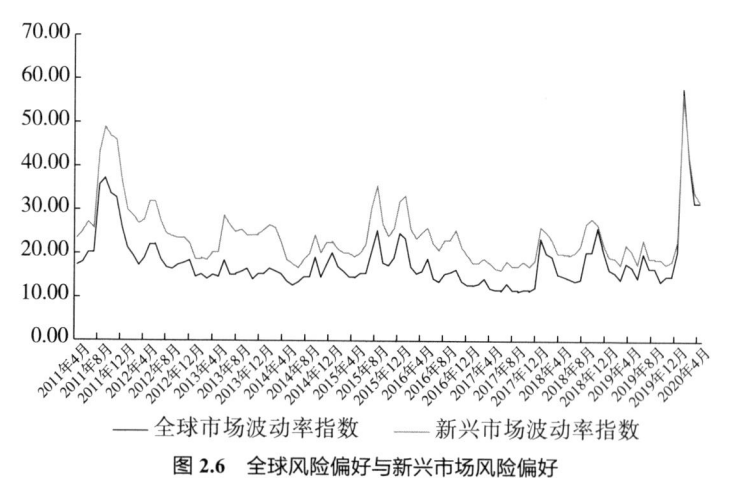

图 2.6　全球风险偏好与新兴市场风险偏好

资料来源：CBOE。

从历史经验来看，2008年全球金融危机爆发以前全球流动性充裕，VIX降至10附近的历史最低。2001—2007年，新兴市场出现持续扩大的资本净流入。而在全球金融危机爆发及蔓延期间，VIX飙升至历史最高。同时新兴市场资本流入几乎"突然停止"，2008年的净流入额较2007年萎缩了约80%。全球金融危机后，由于全球流动性的极度宽松，VIX迅速回落，国际资本再次涌入新兴市场，2010年新兴市场资本净流入近7 000亿美元，创下单年净流入额的历史最高。好景不长，由于2015年美联储开始退出量化宽松政策，全球风险偏好再次回落，新兴市场持续多年的资本净流入瞬间转为净流出（见图2.7）。

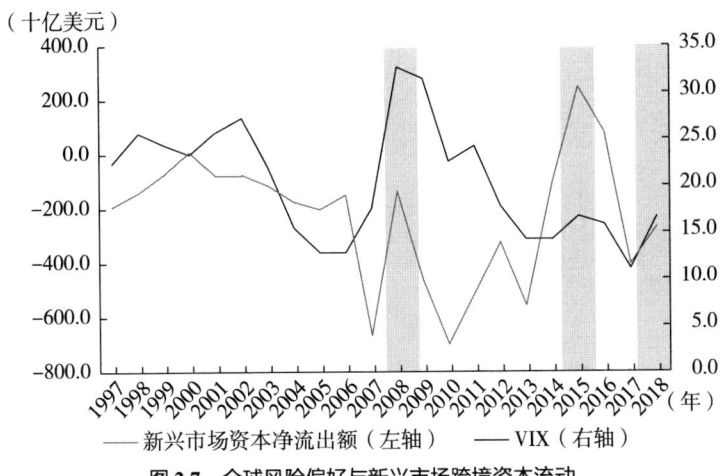

图2.7 全球风险偏好与新兴市场跨境资本流动

资料来源：CBOE，IMF。

注：曲线处于正区间代表新兴市场资本净流出，处于负区间代表净流入。

当新兴市场遭遇资本外流时，汇率首先受到巨大冲击。考察主要新兴经济体，包括中国、印度、印度尼西亚、巴西、俄罗斯、南非。除了人民币以外，上述经济体的货币在全球金融危机爆发和蔓延期间集体大幅贬值。在2015年美国正式退出量化宽松货币政策前后，这些货币更是经历了21世纪最大幅度的一轮贬值。在这一轮贬值潮中，人民币相对于金砖六国中其他五国的货币而言稍显滞后，贬值幅度最小，但人民币兑美元从2015年6月的6.11∶1持续贬至2016年12月的6.92∶1，累计贬值13.5%，贬值的持续时间和累计幅度都创下1995年以来之最。当然，人民币的这一轮贬值和汇率定价机制的改革有一定的联系，但根源还是

| 全球金融失衡与治理 |

美国经济复苏和量化宽松货币政策的退出造成了人民币对美元的贬值压力。从2018年初至2019年上半年，美联储进一步加息并开始缩表，主要新兴经济体汇率再次集体贬值。人民币兑美元一度贬值至7.12∶1（2019年9月），2018年1月以来累计贬值11%（见图2.8和图2.9）。

对于金融对外依赖度较高、内部脆弱性显著的新兴市场来说，资本外流、汇率贬值足以引起本土金融市场的混乱，表现为利率飙升和资产价格暴跌。在上述提到的几次全球流动性紧缩时期，同样以主要发展中经济体为样本，可以观察到印度尼西亚、俄罗斯、巴西的国内长期利率大幅上升，以及印度、印度尼西亚、巴西股票市场的集体下挫（见图2.10）。

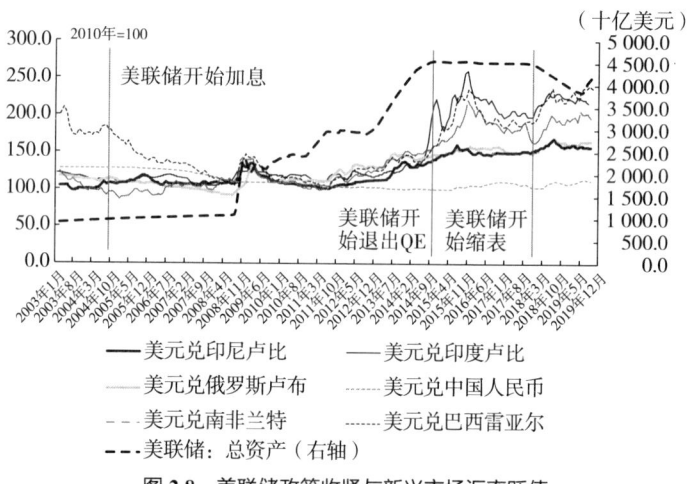

图2.8 美联储政策收紧与新兴市场汇率贬值

资料来源：CEIC数据库。

注：美元兑某国货币汇率上升表示该国货币贬值，为了方便在一张图上比较，我们对各国汇率进行了标准化，以2010年汇率平均值为100。

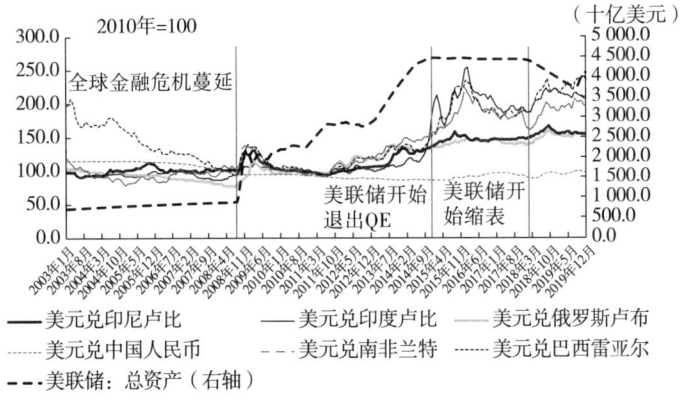

图 2.9　全球金融危机后部分新兴市场的长期利率

资料来源：WIND 数据库。

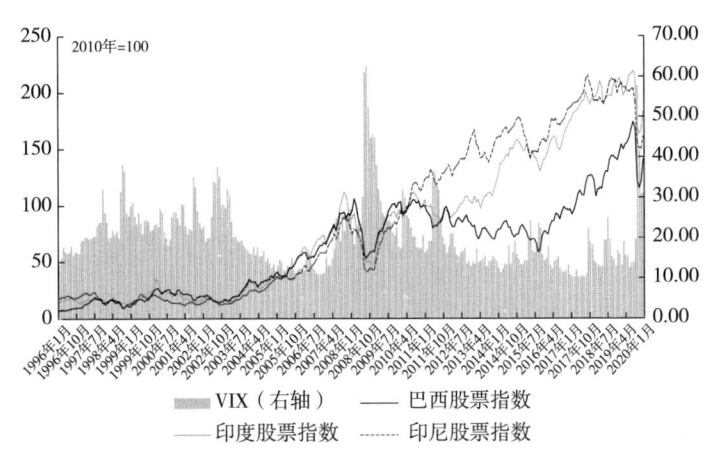

图 2.10　全球风险偏好与部分新兴市场股票指数

资料来源：CEIC 数据库。

注：为方便比较，我们对各股票市场指数进行了标准化，以 2010 年平均值为 100。

参考文献

[1] Bruno V, Shin H S. *Capital flows, cross-border banking and global liquidity* [R]. National Bureau of Economic Research, 2013.

[2] Tobias A, Shin H S. *Procyclical Leverage and Value-at-Risk* [J]. NBER Working Paper Series, 2013: 18943.

第二篇

失衡溯源

——全球金融治理框架的缺陷

如第一篇所述，全球金融失衡表面上的原因包括发达经济体货币政策的外溢效应、跨境资本高频集中的流动、金融机构的顺周期行为、新兴市场的金融脆弱性等；根本性的原因在于现行国际货币体系具有内在不稳定性，同时全球金融治理无法对这种不稳定性施加有效约束。本篇将自上而下地剖析当前的全球金融治理框架：国际货币体系是全球金融治理的顶层要素；国际金融治理机构拥有超主权性和专业性，重要程度次之；在各经济体的层面，货币政策是跨境资本流动的主要驱动力，金融监管则是对市场过度创造或突然中止流动性的防范与纠正。

第三章
国际货币体系具有内在不稳定性

1971年以前的国际货币体系，包括国际金本位制度（1860—1914年）、第一次世界大战和第二次世界大战期间的国际货币体系（1914—1945年），以及"新经济政策"以前的布雷顿森林体系（1945—1971年），其国际本位货币和主要国际储备货币全部或部分为黄金。1971年以后，黄金非货币化，美元为国际本位货币，发达国家货币，例如，德国马克和法国法郎（后被欧元取代）、英镑和日元等，成为主要国际储备货币。

一、"美元本位制"的缺陷

在货币本位制度方面,当前的国际货币体系是"美元本位",美元是国际货币体系的主要国际储备货币、外汇交易货币、资产定价货币以及金融交易与贸易结算货币。美联储控制着全球美元流动性,其货币政策左右着世界各国的货币政策、利率以及全球资产价格。尽管IMF扮演最后贷款人角色,但其资源有限、贷款条件复杂、反应迟缓,因此当面临金融危机时,各国(例如亚洲)主要通过其他方式(例如积攒外汇储备)应对国际流动性不足的冲击。

在这种由主权国家货币充当国际储备货币的体系中,储备货币发行国如果不持续扩张本国货币以供应国际储备,全球经济就会面临流动性不足的问题。然而,如果储备货币发行国持续供给国际储备货币,则必然导致本国货币一般购买能力持续下降,国际市场对储备货币信心丧失,进而导致国际货币体系崩溃。2008年全球金融危机以后,人们重新反思了当前的国际货币体系存在的缺陷,认识到主权国家货币充当国际货币是造成全球金融危机的根本原因之一。可以说,在当前的美元本位制下,货币发行尽管不以黄金为基础,但是仍会以货币发行国的经济为基础,因此"特里芬难题"依然存在,只是表现形式和强度与布雷顿森林体系有所不同而已。当一种主权国家货币充当主要国际货币时,就无法绕开"特里芬难题"。

当前国际货币体系以主权国家货币(美元)充当主要国际货币,其最大缺陷在于缺乏"稳定器"("锚"),从而存在全球经常项目持续失衡、资本流动规模巨大且频繁、主要货币汇率大幅波动、国际收支失衡且缺乏自动调整机制、国际储备资产大量累积、危机期间无法确保充足国际流动性，以及美元作为储备资产缺乏替代品等诸多问题。

直观来看，主要储备货币国货币的国际地位与这些国家在全球经常结构和货币需求中的占比不匹配。它主要体现为国际储备货币的供求长期不平衡。从国际储备货币的需求方看，国际储备货币的需求方主要是发展中国家，其需求从 21 世纪初开始大幅增加（见图 3.1）。国际储备货币的供给方主要是美国，美元的供给在过去十多年基本保持不变（见图 3.2）。同时，非储备货币国积累了大量以储备货币计价的外汇储备，而其投资和交易的场所主要是储备货币国发达的金融市场。当然，一国货币的国际地位未必需要与该国经济在全球的比重严格地一一对应，更多、更集中地使用少数几种货币对全球经济发展来说可能会更有效率。但是国际储备货币长期的很大幅度的供求不匹配是需要警惕的，它会对全球经济金融稳定产生不利的影响。其较深层次的因素是以主权货币充当全球信用货币。因此，应对结构性全球金融不平衡也可以从两个层面着手，分别是扩大储备货币币种和从根本上改革国际货币体系。

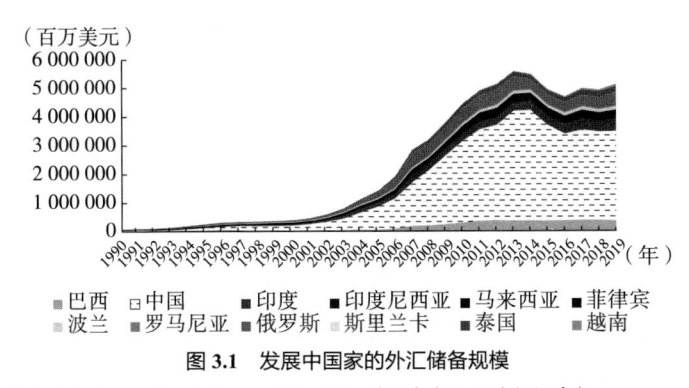

图 3.1　发展中国家的外汇储备规模

资料来源：International Financial Statistics（国家金融统计数据库）。

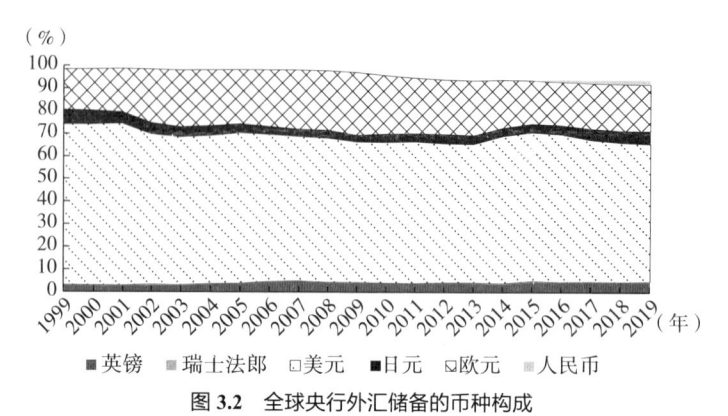

图 3.2　全球央行外汇储备的币种构成

资料来源：IMF COFER 数据库。

二、汇率与国际收支调节机制的缺失

在当前的美元本位制体系下，美国作为储备货币的发行国，其货币政策具有强烈的"外溢效应"。有研究显示，美元供给和全球流动性高度相关，当美元为全球提供流动性的同时，也随之而引起跨境资本流动的增加和信贷的大幅波动（Shin，2014）。在这种情况下，全球流动性管理容易失控，从而引起跨境资本流动剧烈波动，造成全球流动性失衡。美元的外溢效应体现在两个方面：一是将美国当前的货币状况直接传递到世界上其他国家；二是其他国家倾向于主动积累更多的外汇储备。这两个方面构成了当前国际货币体系的"内在不稳定因素"。庞大的美元流动性及其独特的国际货币地位，使得美国的货币政策对各国汇率和货币政策、全球投资者行为、跨境资本流动都有着重要的影响。

随着全球金融日益一体化，不同国家和不同产品市场的资产价格相互影响不断增强,世界各国的信贷增长和资本流动等数量指标也有了明显的联动关系(IMF,2014),金融变量之间的联动性已远超宏观经济变量(Eickmeier, Gambacorta 和 Hofmann,2013)。在这种情况下,全球金融周期会在很大程度上受到资本流动量和流动方向、信贷杠杆等因素的影响。在美元货币政策外溢效应的影响下,资本跨境流动、新兴市场国家的汇率和货币政策等都将在很大程度上受到美国货币政策的影响(Rey,2013)。尽管各国可以通过设置一定程度的资本流动管制来缓解储备货币国货币政策带来的外溢效应,但并不能从根本上解决这个问题。

在现行国际货币体系下,尽管美元已与黄金脱钩,但其依然充当国际货币体系中的关键货币。其他货币与美元间大多以浮动汇率或管理浮动汇率相连接,各国通过单边干预或多边合作来稳定本币对美元的汇率。然而,发达国家及大多数新兴市场国家的资本账户开放,跨境资本流动频繁,是国际汇率大幅剧烈波动的原因之一。

20世纪60年代,以弗里茨·马赫卢普(Fritz Machlup)为首的一批经济学家认为浮动汇率制度能加快国际收支调节过程,从而减少流动性需要,缓解国际储备货币过度投放引起的储备货币信心问题(Machlup,1964)。因此,这些经济学家积极倡导和推动国际货币体系引入浮动汇率制度。1976年,"牙买加协议"承认浮动汇率制度的合法性。在"牙买加体系"中的汇率安排是美元、欧元、日元等核心货币自由浮动,其他外围国家根据需要选择"钉住"某一种或几种核心货币。

但是,后来的事实证明,这种汇率制度缺乏稳定性,汇率波动频繁反而加大了国际贸易中的经济风险和折算风险。在浮动汇率制度下，核心国家的货币政策溢出效应明显刺激了投机资本的跨境流动，弱化了一个国家维持金融和宏观经济稳定的能力，不利于全球经济的长期稳定；同时，它还导致货币危机频发，危机蔓延速度加快，对金融系统的破坏力加大。与布雷顿森林体系上下 1% 的波幅相比，浮动汇率制度下的国际汇率波幅高达 40%~100%。汇率的不稳定严重伤害了国际贸易和投资等实体经济活动，加大了发展中国家"自我保险"的国际储备需求，恶化了全球经济的不平衡问题。2008 年全球金融危机后，浮动汇率的合法化在世界范围内掀起货币的竞争性贬值狂潮，极大地阻碍了世界经济的复苏。

国际收支调节是国际货币体系中的重要内容。对于如何评价国际收支调节机制的好坏，有学者（Greenwald 和 Stiglitz，2008）提出了三个判断标准：一是国际收支可持续；二是汇率稳定；三是单个经济体既不会遭受持续外部赤字所带来的通货紧缩损失，也不会遭受持续外部盈余所带来的通货膨胀损失。但是，由于当前的国际货币体系以美元本位制为基础，为了满足全球经济增长对国际流动性的需要，美国需要通过经常账户赤字来大量输出美元，与之对应的则是新兴市场国家与资源出口国会积累大量的美元外汇储备。面对持续的经常账户赤字，美国政府不得不通过通货膨胀和汇率贬值来降低其对外负债。可见，这种国际收支体系不仅不可持续，而且作为储备货币的美元也面临汇率持续贬值的压力。更为重要的是，现行国际货币体系缺乏有效的全球调整纪律，国际收支失衡可能持续存在，加深全球流动性的供求矛盾。

参考文献

[1] Eickmeier S, Gambacorta L, Hofmann B. *Understanding global liquidity*[J]. European Economic Review, 2014, 68: 1-18.

[2] Greenwald B C, Stiglitz J E. *A modest proposal for international monetary reform*[J]. 2009.

[3] IMF. *Global liquidity-issues for surveillance*[J]. 2014.

[4] Machlup, Fritz. *International monetary arrangements: the problem of choice: report on the deliberations of an international study group of 32 economists*[M]. Princeton University, International Finance Section, 1964.

[5] Rey Hélène. *Dilemma not Trilemma: The Global Financial Cycle and Monetary Policy Independence*[J]. Proceedings, Jackson Hole, 2013.

[6] Shin H S. *The second phase of global liquidity and its impact on emerging economies*[M]. Volatile capital flows in Korea. Palgrave Macmillan, New York, 2014: 247-257.

第四章
国际金融治理机构难以充分发挥作用

一、国际金融治理机构概述

我们通过梳理认为，按照功能，国际金融治理机构大体上可以分为三类：宏观稳定类、开发融资类、金融监管及标准制定类。

1. 宏观稳定类机构

IMF 是全球性的宏观经济与金融稳定机构，也是最重要的国际金融机构。IMF 的宗旨是促进全球货币合作，维护金融稳定，便利国际贸易，推动高就业和可持续经济增长，并减少全球贫困。IMF 的职责范围已扩展到与全球稳定性有关的所有宏观和金融领域。同时，还有区域层面的宏观经济与金融稳定机构，比如清迈倡议多边化（CMIM）下的东盟与中日韩宏观经济研究办公室（ASEAN+3 Macroeconomic Research Office，AMRO），该机构平时监测区域内经济及金融的稳健状况，发生经济和全球流行病危机时则监控获得贷款的成员方是否执行相关贷款条件，甚至成员方无法偿还贷款时是否减免贷款。

IMF 自成立时起，一直是以份额为基础的机构，成员国以在该组织中所占份额的多寡来尽其义务和享受权利。2015年12月18日，美国国会参众两院批准了IMF 2010年份额和治理结构改革方案，意味着久拖未决的这项改革将正式实施。根据该方案，IMF的份额将增加一倍，同时约6%的份额将向更有活力的新兴市场和代表性不足的发展中国家转移。由此，中国份额占比将从3.996%升至6.394%，位居美国、日本之后，成为IMF第三大成员国，印度、俄罗斯和巴西的份额都在IMF内跻身前十。2019年10月18日IMF宣布第15次份额检查没有进展，承诺在第16次份额检查中再次审视份额的充足性，并推进IMF治理改革，包括以一个新的份额公式为指引。第16次份额检查将从2020年延长到不晚于2023年12月15日结束。尽管国际货币与金融委员会（IMFC）承诺继续确保份额在IMF资源中的首要地位，但任何份额调整都应使有活力的经济体的份额比重提高到与其世界经济体中相对地位一致的水平。为实现这一目标，新兴经济体和发展中国家的整体份额很有可能有所提高。同时，还应该保护最贫困国家的发言权和代表性。但是目前中国、巴西、印度、俄罗斯和南非的份额分别是6.41%、2.32%、2.76%、2.71%和0.64%，而美国为17.46%，日本为6.48%，欧洲国家总共占31.79%左右。美国是唯一拥有"一票否决权"的国家，而发展中国家整体在IMF中的代表性和话语权仍然偏低，不能合理反映它们在全球经济格局中的地位。未来，应继续推动IMF份额和治理结构改革，以及其他方面的改革，以提高IMF在全球金融治理中的作用。

2. 开发融资类机构

发挥开发融资功能的国际金融机构主要是多边开发机构。与其他国际组织不同，多边开发机构具有较强的企业性。它们通常以项目的形式向发展中国家提供资金支持和技术援助（张长龙和邓晓媛，2015）。具体而言，可分为两大类，一是全球性多边开发机构，二是区域性多边开发机构。

（1）全球性多边开发机构

世界银行是世界上最大的发展援助机构之一。世界银行利用其资金、人才帮助各发展中国家发展，并主要着眼于帮助最贫困的人民和最贫穷的国家。世界银行是历史最悠久也是最有影响力的多边开发银行，其改革备受关注。

2018年10月，世界银行股东批准通过了130亿美元的增资计划，该计划将允许世界银行在2019财年的总贷款额从2017年的约590亿美元提高到2018年的近800亿美元，到2030年每年平均约为1 000亿美元。130亿美元的增资计划包括向旗下的国际复兴开发银行和国际金融公司分别增资75亿美元和55亿美元。

此次增资之后，中国在世界银行的投票权较之前上升了1.26个百分点，份额达到5.71%，位次上升至第三位，仅次于美国和日本。虽然美国和日本的份额均略有下降，分别降至15.87%和6.83%，但仍然占据着第一和第二的位置。

我们要看到，制度变化的细则显示，发达国家并不愿意顺应这个形势的改变，为了降低发展中国家在包括世界银行在内的国际金融体系中所占的分量和说话的空间，发达国家采取了很多手段，其中最重要的就是扩容扩权，但是扩容扩权并不会伤害到发达国家的否决权。世界银行的否决权是通过的投票比率是85%，也就是说任何一个国家拥有了15%以上的投票权，就可以否决世界银行的任何决定。而美国在世界银行中占有的投票权大概意味着，无论发展中国家怎么扩容，都不会实际伤害到美国对世界银行的话语权。

从世界银行和IMF领导的产生方法来看，还存在很多需要改进的地方。从流程上看，世界银行行长的产生，形式上要通过世界银行执行董事会（简称"世行执董会"）投票选举通过，具体来说，要经过"提名—公示—面试—任命"的过程。首先，世行执董会宣布启动行长遴选流程，开启候选人提名期。成为世界银行行长候选人的前提条件是必须为世界银行成员的公民。其次，在提名截止后，将确定一个最多由3人组成的候选人名单。并在得到候选人本人同意后，公布候选人姓名。第三，世行执董会将对这些候选人进行持续2~3周的正式面试。最后，在提名截止后2~3周内，世行执董会将做出世界银行行长的任命决定。

从能力素质看，担任世界银行行长需要有一定的业务门槛。世界银行行长候选人须符合五项标准：一是具有经过实践证明的领导业绩；二是具有管理大型国际机构的经验和国际视野，熟悉公共部门；三是具有阐明世界银行发展使命清晰愿景的能力；四是具有对多边合作的坚定承诺与赞赏；五是具备高效的外交沟通技能，在履行该职位职责时秉承公正客观的态度。

2011年以来，世行执董会表示一致同意采取公开透明、任人唯贤的选聘原则，所有世界银行成员均可提名。

无论标准如何公正、程序如何规范，世界银行行长都需要由世行执行董事会选出。而世行执行董事会的话语权，本质上还掌握在以美国为主导的西方国家手中。这是因为，世界银行按股份公司的原则建立，重要事项都需会员国投票决定，投票权的大小与会员国认购的股本成正比。

现阶段，美国认购的股份最多，有 226 178 票的投票权，占总投票权的 17.37%。换句话说，美国仍是世界银行名副其实的第一大股东。由于世界银行的重大政策提案必须得到 85% 的股份总额的支持才能通过，因此美国拥有唯一的一票否决权。

另外，美欧 1945 年达成了"绅士协议"，即不成文的协议——所有世界银行行长都是美国人，而所有国际货币基金组织总裁都来自欧洲。而这也是 1945 年以来，12 任世界银行行长均由美国提名的原因。

从投票权重分配看，尽管 2010 年第二阶段世界银行投票权改革中，发达国家向发展中国家和转轨国家（DTC 国家）转移 3.13 个百分点的投票权，但美国在世界银行的投票权，再加上欧盟执行董事的投票权，总投票权约为 50%，仍然足以敲定每一任世界银行行长的人选。

随着新兴经济体日益成为世界经济增长的重要引擎，世界银行行长由"美国内定"的"潜规则"也遇到挑战。

早在 2012 年，哥伦比亚财政部前部长何塞·安东尼奥·奥坎波和尼日利亚财政部前部长恩戈齐·奥孔约·伊维拉等人就曾向世界银行行长的位置发起挑战，那是世界银行成立以来，首次有其他国家的候选人与美国提名的候选人进行公开竞选。结果，他们冲击世界银行行长的努力均以失败告终。

2017年12月1日国际清算银行行长的产生给国际社会带来了希望。墨西哥前财政部长阿古斯汀·卡斯滕斯被任命为该行行长。这是第一次来自发展中国家的人员进入国际金融机构担任行长，表明让发展中国家的代表在全球多边金融机构中发出更多的声音是一种趋势。我们认为今后世界银行和国际货币基金组织也可以朝这一方向努力，增加发展中国家发言的权重，使得国际多边金融机构在国际金融舞台上发挥更大的作用。

（2）区域性多边开发机构

随着全球经济格局的变化，新兴经济体在全球经济中的占比大幅提高，对基础设施投资需求巨大，新兴多边开发机构开始顺时应势地兴起。新兴多边开发机构是对现存多边开发机构的有益补充，也为国际金融治理带来了新的活力，既有巨大的发展前景，也面临着一系列的挑战。金砖国家新开发银行（New Development Bank BRICS，NDB BRICS）、亚洲基础设施投资银行（Asian Infrastructure Investment Bank，AIIB，简称亚投行）是当前表现最突出的新兴多边开发机构。

金砖国家新开发银行于2013年3月27日在南非德班举行的第五届金砖国家峰会上，由金砖国家（中国、俄罗斯、巴西、印度和南非）领导人同意成立。2014年7月15日，金砖国家正式签署了文件，创建核定资本为1 000亿美元的金砖国家开发银行，主要资助金砖国家以及其他发展中国家的基础设施建设。2019年4月9日，金砖国家新开发银行计划通过扩大全球发展合作伙伴，动员更多的机构和私人资本成为成员，期望年内推动贷款总额翻一番增至160亿美元，增强金砖国家与其他新兴市场和发展中国家基础设施以及可持续发展项目筹资能力。

金砖国家设立的新开发银行一改以往发达国家主导的援助模式，由于发达国家的援助往往坚持以国家治理和制度变革为中心，忽略了不同国家的历史、社会文化和发展阶段等特点，也未能充分考虑受援国的独特禀赋，削弱了受援国的自主能力，未能取得很好的援助效果。新兴市场国家特别是中国的发展实践证明了"以发展为中心，聚焦基础设施和可持续发展"这种模式的有效性和可持续性，也为发展援助提供了一种新的思路。金砖国家新开发银行将贯彻此种理念，把重点放在"如何发展"上，帮助所在国经济进一步融入全球供应链。发达国家在发展援助过程中所采取的具体措施未能适应受援国的水土，也未能帮助受援国很好地发展。来自中国等新兴市场国家的具体做法当然也未必能衍生出适合所有发展中国家的援助措施，带着这种理念而来的金砖国家新开发银行是否能在推动区域经济发展上获得成功还有待实践的考验。艾肯格林（Eichengreen）表达了对于金砖国家新开发银行的乐观态度，他认为，新开发银行的成立逻辑是令人信服的，金砖各国大都对基础设施融资有着巨大的需求，而中国在基础设施建设方面又有着丰富的经验和强大的海外建设团队，因此，债权债务双方很容易形成一致战线（Eichengreen, 2014）。

亚投行是由中国发起的区域性多边开发机构，主要宗旨是促进亚洲地区基础设施的互联互通和经济一体化。亚投行行长金立群

2019年4月接受采访时表示："亚投行现在得到广泛承认，所以开创一个新的事情的时候，并不意味着现在所有的体制就是不好的，我们只是需要改革。作为一个国际机构，我们需要遵守国际经济的秩序。我们的目的不是颠覆现有的那些体制，而是让当前的体制能够发挥更好的作用。"

亚投行独特的治理结构，意味着职责分工非常明确，尤其是领导层。管理层不能自由行事，但是管理层可以基于董事会的授权来进行合理的管理。在这一种结构之下，亚投行审批所有投资项目后，董事会仔细监督所有投资项目。亚投行承诺不会出于政治目的进行一些项目和投资，尤其是会避免投资会带来债务陷阱的项目，而是会选择能够不断带来可持续性的经济利益的项目。

3. 金融监管及标准制定类机构

一些国际金融机构具有制定金融行业和机构标准或促进金融监管的职能，它们更多地以非实体机构的形式存在，比如巴塞尔银行监管委员会（Basel Committee on Banking Supervision, BCBS）、国际证监会组织（International Organization of Securities Commissions, IOSCO）、国际保险监督官协会（International Association of Insurance Supervisors, IAIS）、国际清算银行、金融稳定理事会等。虽然此类机构或聚焦于单一行业，如银行、保险、证券等，或从一个更宏观的层面监测金融系统性风险，但它们的共同点是专业性强、技术含量高、专业技术人才储备较多。

以金融稳定理事会为例，其前身是金融稳定论坛（FSF），是G7（西方七国集团首脑会议）为促进金融体系稳定而成立的合作组织。2009年4月在G20匹兹堡峰会上，金融稳定论坛升级为金融稳定理事会，并将成员扩展至所有G20成员国。金融稳定理事会全面继承和发展金融稳定论坛的职责和能力，在更强有力的制度基础上促进金融稳定。金融稳定理事会的任务是制定和实施促进金融稳定的监管政策和其他政策，解决金融脆弱性问题。金融稳定理事会的内部治理结构分为全体会议、指导委员会、主席和秘书处四级，另设三个常设委员会和三个特别工作组（廖凡，2012）。

金融稳定理事会在承担金融稳定论坛国际标准制定职能的基础上，虽然增加了金融危机的预警职能，但金融稳定理事会的职能太过宽泛，短期内较难实现。全体会议是金融稳定理事会的最高决策机构，每年至少召开两次，根据协商一致的原则做出决策，但是章程中并未明确如何实现协商一致。其实设立协商一致的原则是避免政策阻力的权宜之计，但同时该原则可能削弱组织的执行力。任何成员国拥有否决权都会影响到决策的有效性。目前金融稳定理事会的独立性不强，表决方式的多样化不足，代表机制的广泛性也还存在提高的空间。

在金融行业和机构的标准制定中，非政府组织可以成为参与全球金融治理的积极力量。非政府组织可以通过对所在行业标准的制定和修改，使得行业行为更加规范、透明，使行业内部生态环境良好、竞争有序、标准明确。IAIS最初是由美国国家保险专员协会于1994年在伊利诺伊州的私人非营利机构发起的，其宗旨是促进关于保险业最佳监管实施的信息交流与共享。IAIS在发展过程中，积极加强与国家金融监管当局、国际金融监管组织之间的合作与协同，监督并促进保险监管标准实施，制定了一系列的保险监管的国际核心原则与监管标准，包括发布偿付能力、再保险标准以及风险管理等方面的最佳实践。如今，IAIS 已经成为协调国家监管机构并为世界许多国家保险监管机构制定监管实务标准的重要组织，对保险的跨国监管起到了重要的推动作用。

二、国际金融治理机构面临的挑战和改革建议

1. 面临的挑战

国际金融治理机构的概述部分已经提到各类机构所面临的挑战。我们将这些挑战归纳为以下三个方面。

第一，治理缺乏有效性，失灵频现。

有效治理是全球金融治理所追求的理想状态。遗憾的是，多年来，国际金融机构的效率一直受到其项目和政策的受害者的质疑（Thomas 和 brandan，2009）。评价治理行为是否有效，通常可以采用结果导向型和过程导向型两种评价模式，前者强调通过治理输出制度安排所产生的结果是可持续的。但是并非所有问题的解决都能很快达到预期目标，治理是一个渐进的解决过程，同时也面临着众多制约性因素。如果仅以"治理结果"为考核标准，并不能全面地理解治理方案的有效性。故而过程导向型模式成为评价治理有效性的又一模式。然而，无论是从结果导向出发，还是从过程导向出发，当前金融机构治理的效果都还有待加强。

第二，治理缺乏公允性，投票权和资源的分配不能及时反映国

际经济格局的变化。

布雷顿森林体系下的国际金融机构是在发达国家的主导下成立的，尽管表面上发达国家并未直接操纵全球金融治理的规则，但事实上它们所主导的规则嵌入在当前的全球金融制度之中。例如世界银行、IMF 等国际金融组织所建立的金融治理秩序，基本上是按照固有的金融规则建立的，其结构、模式和规则在一定程度上体现了发达国家维护本国金融利益及其他利益的意愿。21 世纪初，随着新兴市场和发展中国家在国际政治经济中的地位上升以及对全球经济贡献度的逐步提升，改革不合理的国际政治经济秩序的呼声日益高涨，但是国际机构的投票权分配不能及时反映新兴市场及发展中国家的利益诉求和全球经济金融格局的变迁。

第三，不同机构之间的合作有待加强。

随着经济一体化趋势的加强，全球性金融问题越来越不能依靠单一主权国家、国际组织或私人部门的一己之力而得到妥善解决，国际金融机构之间的合作成为全球治理的常态。但是从目前国际金融机构的合作现状来看，合作的有效性还有待加强。

比如，关于 IMF 和 FSB 的合作，G20 过去多次呼吁 IMF 和 FSB 需要加强在识别宏观经济和金融风险、危机应对、重塑监管体系方面的合作，从而能够更好地解决金融部门的风险。对此，该倡议得到了 IMF 和 FSB 的积极响应，但双方合作提交的"早期预警演习"（Early Warning Exercise, EWE），总体来说其紧密度和整体感不够，更像是"两份报告的拼凑"，同时报告对于资本流动和投资引致监管框架的变动含义及监管机构的激励和行为研究不够充分。其主要原因是，IMF 和 FSB 的各自职能没有明确界定，双方的工作内容重合度和"空白"凸显。

2. 改革建议

总体来看，改善国际金融机构的建议如下。

（1）发挥国际金融机构的作用

一是盘活存量机构的资源。包括美国和欧盟成员国在内的大多数国家已经认识到，重振既有国际金融机构在全球金融治理中的地位，需要通过代表权分配机制改革提高国际机构的效率和合法性，赢得成员尤其是新兴市场和发展中国家的支持。通过增加发展中国家在国际组织中的代表权，增强国际金融组织的科学决策能力，并以此为突破口，为国际金融组织赢得更多的资源，壮大其参与全球金融治理的行为空间。

二是发挥增量机构的作用。新兴市场国家目前具有更多参与全球金融治理的热情，在改革既有机构存在较多困难和阻力的情况下，也不得不通过设立新的国际金融机构来改善全球金融治理。金砖国家新开发银行和亚投行就是在这样的背景下产生的。

三是维护现有国际机构的相对独立性。保持其在国际金融治理过程中的独立判断力，发挥其各自的专业水平，维护其在各自领域的权威性尤为重要。IMF 就是一个很好的例子，其为促进全球增长和维护金融稳定做出了积极贡献，在多次全球金融协调活动中，IMF 展示出卓越的国际协调能力，同时也展现了出色的专业素养。IMF 成功地推动了给予中国等新兴经济体更大发言权的改革并推动其本身加入有关不平等和气候变化等议题的讨论，使得 IMF 在国际金融治理舞台上发挥出越来越重要的作用。

以世界银行治理结构改革为例，目前，世界银行存在两大问题：一是领导层基本来自发达经济体而非新兴经济体；二是董事机构庞大、执行董事参与项目决策、项目责任归属不清。因此，建议改革的重点应放在这两方面：一是通过治理结构改革，提升发展中国家的话语权和参与度；二是通过治理结构改革，提高世界银行的运行效率（叶扬和张文，2015）。具体而言，建议其改革应采用商业银行的普遍做法，实行行长领导下的管理部门负责制。由管理部门负责审批项目，并根据项目的成败得失向部门负责人问责或奖励。执行董事会与操作层面相对分离，执行董事会不再审批项目。超出操作层面权限规划的可将规划的审批交由执行董事会审核。所谓超出权限规划主要包括两个方面：一个是行业的平衡，即在电力、能源、交通、机场、港口项目上的平衡；另一个是在不同国家之间的平衡。世界银行下设机构的设置，应由以国别为重心改为以领域为重心（Sector Focus），不设国别办公机构，而以部门和行业为划分基础设置机构。比如由公路专家，统一负责各国的公路项目，从而降低运营成本。

就现存区域性多边开发机构而言，主要有亚洲开发银行、泛美开发银行、非洲开发银行、欧洲复兴开发银行，另外还有一些地区开发银行。这些地区开发银行在缩小地区发展中国家与发达国家的经济差距方面发挥了积极的作用，但或多或少仍存在一些问题。首先，管理方法不当，效率水平低下。银行在业务规划、管理、贯彻、落实和监督方面能力差，对发展援助项目经营不善。其次，资金来源受困。地区开发银行的大多数股东国都因本国经济疲软或衰退，无力向地区开发银行增资。地区开发银行的资金难以满足贫困国家对贷款的需求。

再以欧洲复兴开发银行为例，欧洲复兴开发银行的宗旨是帮助和支持东欧、中欧国家向市场经济转化，以调动上述国家中个人及企业的积极性，促使他们向民主政体和市场经济过渡。投资的主要目标是中东欧国家的私营企业和这些国家的基础设施。它在中东欧国家利用外资实现经济增长和发展的模式中起到了重要的作用，但是在2008年全球金融危机中，这种模式暴露出稳定性不足的缺陷。长期以来，中东欧国家对外资的倚重在很大程度上抑制了其内资经济的发展，不仅本国企业在产品竞争力方面无法与外资企业匹敌，而且本国的金融信贷机构也无法与外资金融信贷机构进行竞争，消费者和企业更愿意到外资金融信贷机构寻求融资。因此，当全球金融危机来临之时，资本的抽逃引发了国内金融体系的流动性紧张，信贷随之从扩张转为紧缩，危机迅速从金融部门扩散到实体部门，导致了经济的剧烈震荡，使中东欧国家成为全球金融危机的重灾区（孙景宇和张璐，2012）。

欧洲复兴开发银行可以采取以下措施应对挑战。首先，使资金来源更加多元和更具灵活性。最近欧洲复兴开发银行批准中国成为其股东，就是一种有益的进展。其次，进一步推进对私营部门的援助，在增加投资的同时增强私营部门经济活力，从而激发私营部门的经济贡献度，降低对外部投资的依赖程度。再次，提升中东欧国家经济的整体实力，从而缩小欧洲第一梯队国家与第二梯队国家之间的经济差距。最后，平衡发达国家多边经济合作与发展中国家的多边经济合作的机会，为欧洲经济转型国家注入新的经济活力。

（2）构建"全球金融治理网格"，加强国际金融机构间的协调合作

为了能对现有国际金融机构有更直观的认识，我们根据其功能及区域分布，简单构建了"全球金融治理网格"，如表4.1所示。

表 4.1 全球金融治理网格

功能 区域	金融监管类	开发融资类	宏观稳定类
全球	金融稳定理事会 国际保险监督官协会 国际证监会组织等	世界银行	国际货币基金组织
跨区域		金砖国家新开发银行、亚洲基础设施投资银行等	金砖国家应急储备安排等
区域	欧洲银行管理局	亚洲开发银行、欧洲复兴银行等	亚洲外汇储备库等

资料来源：上海发展研究基金会。

全球金融治理网格由纵横两个维度构成。纵向维度是按照治理区域分为区域性、跨区域性和全球性。横向维度则按照治理功能分为宏观稳定类、开发融资类和金融监管类；纵横交叉构成了全球金融治理网格，不同的金融机构可以在网格中找到相应的位置。需要指出的是，纵向维度上的划分是基于金融机构所涉及项目覆盖的区域，而且区域、跨区域、全球三者之间并没有清晰的界限。特别是金融监管类机构，由于资本流动的全球性特点，金融监管类机构除了欧洲银行管理局等处于同一个货币发行机构管辖区内的特殊情况外，均可以划分到全球维度。

对于加强国际金融机构间的协调合作，我们认为主要存在三个方面。一是充分发挥新旧机构间的功能补充，形成良性竞争，提高机构的运行效率。新机构并非对旧机构的替代，而是补充和完善，并且新机构的出现将对旧机构形成良性竞争（Griffith-Jones，2015）。以合作开发融资为例，世界银行原行长金墉明确表示现有开发融资机构，在面对庞大的亚洲基础设施融资需求时能力不足，希望世界银行与亚投行能够通力合作（金墉，2015）。二是新机构应借鉴吸收旧机构设置和运行的成功经验。比如，IMF和世界银行内设有独立评估部门，分别为IEO（Independent Evaluation Office）和IEG（Independent Evaluation Group），它们负责对IMF和世界银行的工作绩效进行客观评估，总结经验教训，并提出针对性建议。[①] 这种独立评估部门的存在，能够较为公正客观地审视和剖析国际机构在运行过程中存在的缺陷和不足，有助于不断改善治理失灵的现象。三是国际金融机构间的合作应明确界定作用和职能。以IMF和FSB的合作为例，由于IMF具有"双重身份"，其既是FSB的成员，同时又作为独立的机构与FSB开展合作，所以更需要提前明确工作职责，避免对FSB"权威性"的妥协而导致职能"缺失"。

（3）重视效率与公允的平衡

以出资额为基础的表决机制体现了债权人的利益以及经济力量

[①] 自2001年成立至今，IEO已发表了25份独立评估报告，内容涵盖IMF在各时期的主要工作内容评价。需要特别强调的是，IEO报告中不乏对IMF工作失误的严厉批评。比如，IEO曾公开指出IMF在对希腊救助中出现的重大失误，其中包括低估财政紧缩政策对希腊早期救助的危害，对希腊债务减免过慢等。另外IEO也承认，IMF在2008年的金融危机之后倡议各国政府实施财政紧缩措施实际上是一个错误。

变化在国际金融机构中的重要性，也有利于促进更具经济实力和金融影响力的成员配合国际金融机构决策的积极性，可以提高国际金融机构参与国际金融治理的效率。但正如上文所述，它将影响国际金融机构的公允性，不利于其决策代表大多数成员国的意见。"一国一票"的投票机制使成员国可以公平地参与国际金融机构的治理，体现了公允性，但不能反映经济金融力量的变化，不能体现发展的目标，缺乏对成员国的激励机制，不利于效率的提高。因此，国际金融机构在改革和完善的过程中要重视效率与公允的平衡。原则上，国际金融机构在这方面的改革的目的是让更多的发展中国家积极参与到全球金融治理的工作中来，更充分地体现一个国际金融治理机构应有的作用。另外，为了更好地契合国际经济格局的变化，效率与公允的平衡应该体现在适当增加发展中国家和新兴经济体在国际金融机构的代表性和话语权，比如2014年G20布里斯班峰会宣言中就提出，建议增加新兴经济体在FSB中的代表性。

以IMF为例，我们建议可以从决策机制和资源分配机制两方面入手去实现国际金融机构在效率与公平方面的平衡。

①决策机制——探索公平有效的投票机制

考虑到基本投票权是成员国参与IMF决策的基石，反映了所有成员国在IMF的基本代表性，即保证IMF能够在一定程度上代表所有成员国参与全球金融治理。IMF创立时基本投票权占全部投票权的比例为11.3%，分给44个成员国；而现在5.5%的基本投票权分给188个成员国。基本投票权占比的持续下降不利于保证成员国在IMF的基本代表性。

当然，基本投票权占比也不是越高越好。有一种方案是每个成员国的基本投票权与创立时持平。那么，IMF 的基本投票权占比将提高到 42.3%，这就无法反映全球经济格局的最新变化。我们认为比较合理的方式是参照其他国际金融机构，适当提高基本投票权的比例。比如亚洲开发银行的基本投票权是 20%，共有成员 67 个，平均每个成员的基本投票权是 0.30%；亚投行的基本投票权是 12%，拥有 57 个创始成员，平均每个成员的基本投票权为 0.21%，同时每个创始成员还拥有 0.05% 左右的创始成员投票权，基本投票权加上创始投票权总计 15%。考虑 IMF 成员数量，权衡平等（基本投票权）与效率（份额投票权），我们认为将 IMF 的基本投票权提高到 25% 左右是比较合理的。

同时，"一票否决权"的存在体现了份额的集中程度，在一定程度上增加了决策的效率（当集体目标与否决权持有国目标一致时），但它最大限度地保障了否决权持有国的利益，降低了 IMF 治理结构的公允性，且该治理结构存在自我加强的趋势。最典型的例子是可以行使"一票否决权"的条款，即需要特别多数通过的条款不断增加，从成立之初的 9 项增加到现在的 50 多项。体现 IMF 治理结构和决策的公允性有必要适当减少"一票否决"事项，比如 IMF 买卖黄金的决定完全没有必要经过 85% 的绝对多数通过。

此外，还可以考虑引入双重多数投票制和分类表决制。比如在修改 IMF 章程等非常重要的事项上可以引入双重多数投票制，即"国家数的 65%+ 份额数的 85%"通过，以增加 IMF 治理结构中的公平性。同时还可以引入分类表决制，在一些事项上维持单一份额多数表决，比如关于贷款等事项的表决上；而对于金融监管、金融稳定等事项可以采用国家数多数表决。

②资源分配机制——特别提款权的改革

鉴于IMF的SDR背后意味着IMF层面的全球金融安全网资源的分配，涉及SDR的改革本质就是针对IMF资源配置系统。

按照IMF现行规则，会员都可以参加SDR的分配，成为特别提款账户的参加方。IMF通过分配SDR为每一个参加方提供了免费资产，配额的资产不计利息，但是如果某一参加方持有的特别提款权超过它的配额，超额部分可以获得利息收入；反之，低于份额的部分就要支付利息。SDR的分配方式有两种：第一种是普通份额分配，分配的原则是会员依据它在国际货币基金组织所缴份额的比例获得SDR的分配，分配5年进行一次，分配方案需要得到总投票权的85%多数票通过；第二种是特殊一次性分配，IMF成立至今在2009年9月第一次实现了特殊特别提款权的分配。①

然而，现行SDR分配原则和方法中存在两大问题：SDR份额不足和分配不公平。对此，我们的政策建议明确SDR的发行规则和完善SDR分配原则。

首先，应对SDR份额不足的直接方法是发行更多的SDR，然而由于SDR的大量发行必然危及现有几个储备货币的地位，为了保证本国和本地区货币的稳定，已经拥有足够SDR的国家和地区通常会拒绝每一次SDR发行的提案，1981年以来，仅有2008年全

---

① 2009年9月国际货币基金组织的特殊分配中，中国获得11亿美元的特别提款权。

球金融危机催生了一次SDR发行。因此，如果要扩大SDR的分配以提高SDR在国际储备货币体系的地位，必须改革SDR发行的相关规则。对此，我们认为一种较合理的选择是，参照全球储备增加值和SDR在全球储备中的份额来决定SDR的发行，为了减小SDR发行的通货膨胀效应，可以考虑将"前五年年均外汇储备增加值×SDR占全球储备的比率"作为SDR发行量的参考指标。按这种方式计算，未来五年应每年发行相当于236亿美元的SDR，约为当前SDR总量的1/12左右。当然定期发行SDR也可以采用每季度或每月的不同发行周期。此外，SDR的发行也可以考虑逆周期发行。这样的发行方式不仅同样能够提供SDR的流动性，而且能够在一定程度上平滑经济的周期性波动，同时还可以避免在全球流动性过剩时期创造大量的全球信用而助推流动性泛滥。

其次，由于发展中国家国际收支长期巨额逆差，调节国际收支手段不足，从国际金融市场筹措资金的途径有限，所以，这些国家国际清偿能力短缺，据此，无论是按照效率原则还是均等原则，SDR的分配首先应该考虑发展中国家的需要。实际情况是根本无须动用SDR的国家累积了越来越多的持有量，而真正需要SDR的国家却得不到足够的支持。尤其是全球新冠肺炎疫情使全球经济面临重创，一些发展中国家面临着短期的国际收支冲击。对此，我们建议IMF可以通过普通分配增强现有成员在疫情期间恢复经济发展能力。这个做法既符合现有IMF的章程和规则，又照顾到全球普遍性的经济困难。目前IMF已经就这次疫情危机中普通份额分配进行了讨论。2020年7月16日，中国人民银行行长易纲在英国《金融时报》撰文,表示:"通过 SDR 普遍分配,可以补充基金组织成员国的外汇储备,提升其购买力,是应对这场百年不遇危机的快速、务实、公平和低成本的措施。"首次表达了中国政府支持 IMF 通过普通分配帮助发展中国家抗击疫情这一主张。他同时对 IMF 部分成员国对帮助发展中国家的几个疑虑进行了应答,他认为:"关切之一是 SDR 普遍分配未附加改革条件,会助长道德风险。但新冠疫情是外生冲击,在爆发全球卫生危机和流动性紧张时期,不宜进行结构性改革。在灾难面前,'活下来'是首要问题。SDR 分配、基金组织快速信贷便利(RCF)以及其他紧急融资,能避免疫情对生产力造成永久性破坏,这些工具不附加改革条件是正确的。还有些人提出了一些自 SDR 创立之初就有的疑问,但不能将这些关切作为不采取行动的借口。有观点认为分配 SDR 意味着允许基金组织创造新的货币。实际上,SDR 和货币不能画等号。基金组织将 SDR 定性为一种补充性储备资产。SDR 目前仅限于官方部门使用,私人部门一般不接受,SDR 的使用范围远小于货币。SDR 分配不需要以对应的篮子货币发行为基础,因此也不会直接引起货币创造。还有一种观点认为,SDR 的主要作用是补充全球对储备资产的长期需求,但新冠疫情并非长期危机。这种观点似乎把 SDR 的作用理解得过于狭隘。新冠疫情对全球经济的冲击已经超过了全球金融危机,持续的时间还有高度的不确定性,长期影响更是难以估量。进行 SDR 普遍分配可以补充各成员方的外汇储备、减轻因疫情引起的流动性不足等问题,最终是为了保持国际货币体系的有效运行。"

易纲对于外部期待通过特殊分配应对疫情表示:"SDR 普遍分

配是应对当前危机切实可行的措施。在一个理想世界，我们也许应该根据需求对SDR进行特殊分配，而非根据各成员方在基金组织的份额进行普遍分配。这样可以避免一大部分SDR流向发达国家。但这需要修改基金组织协定，短时间难以发生。"外界普遍对发展中国家通过向发达国家借贷SDR会增加债务负担有所担心，易纲认为："SDR分配成本较低，且可以提升成员方外汇储备。一国仅在将SDR兑换为其他硬通货时才需支付利息，这一利息也低于市场融资的成本。SDR利率确实不如优惠贷款成本低廉，但优惠贷款是十分有限的。因此，SDR资源和优惠贷款是相互补充的关系。发达国家也可以通过SDR分配获得更丰富的资源来参与国际救助，这可以减轻对国内财政资源的压力。"况且面对新冠疫情造成的经济困境，IMF已经通过救灾信托向部分因为疫情影响导致偿付债务和利息困难的成员国，减免甚至冲销债务和利息。我们认为IMF在世界面临前所未有的新冠疫情时必须迅速行动起来，立即进行新的普通份额分配，为全球经济复苏提供经济支持。部分成员对部分地区和国家使用新增发SDR有所担心，其主要担心的是已经出现债务信用危机的地区，比如南美，新增发SDR犹如杯水车薪，在债台高筑国家里起不到救助的作用，更别提偿还了。另外，对于政局处于动荡中的国家，IMF中部分成员更是不愿看到自己不喜欢的领导人在危机中掌控着国家并由此获得民众的认可。我们认为，IMF是一个推动全球经济发展的组织，不能通过经济援助附件条件要求一个国家改变政治环境甚至领导人，更不能考虑过多的债务偿付能力问题，毕竟抗击疫情需要政府迅速通过财政手段增加投入，实现控制疫情的目标。在世界面临新冠疫情造成的危机时，人类命运共同体是最重要的。我们更期待IMF成员积极开展特别分配的讨论，对章程和规则进行修改以适应当前经济状况以及未来IMF发展的需要，出台一个更加完善的替代方案，既能照顾成员的普遍利益，又能惠及发展中国家和贫困国家的利益，为全球经济发展做出贡献。

（4）增加区域性机构运作透明度

亚投行作为一个新兴的、在一定程度上由发展中国家主导的国际金融机构，国际社会对其也存在一些担心和质疑。

最受质疑的问题是亚投行如何保证它的透明度。而事实上亚投行在治理结构上与现存的大多数国际金融机构并没有太多的不同之处。同样是一切权力归理事会，重大事情皆由它决定。所有成员方均在其中有自己的代表，任命理事和副理事各一名。超级多数投票要求的是人数大于2/3和投票权大于3/4的双重多数。从这个角度来看，亚投行应该具有与现有大多数国际金融机构类似的透明度。此外，亚投行准备专门成立内审机构，以"零容忍"的态度应对腐败、欺诈等行为，此举对提高透明度也会有所助益。

关于亚投行的公平性，亚投行57个成员共有基本投票权12%（另有创始投票权总计3%），远高于IMF的5.5%（188个成员），但略低于亚洲开发银行的20%（67个成员）。同时，投票权最多的中国拥有亚投行近30%的投票权，远超美国在IMF的份额（16.5%），美国和日本在亚洲开发银行的份额（各12.78%，都有"一票否决权"），也实际上拥有了重要事务的"一票否决权"。因此，从投票权的分布来看，亚投行的公平性并未得到非常高的展现,但这与参与方对出资额的认购比例有很大关系,同时与 IMF 相比并不显弱。

与公平性相比,亚投行显然更重视决策的效率性。除了投票权相比亚洲开发银行等部分区域性多边开发机构更加集中以外,亚投行不设常驻董事会,这使得高层的管理架构更加扁平,也使得银行治理结构模式和职责划分更加明显,体现了其试图高效运作的目标。

亚投行行长金立群也表示,今后在运行管理中将坚持公开、透明、包容和民主协商的作风。我们希望并相信亚投行也能在今后的运行中坚持这样的理念,从而使其在众多的开发性国际机构中占有其应有的地位(金立群,2015)。

此外,金砖国家新开发银行想要最大限度发挥其多边国际金融机构的积极作用,还需要注意下述问题。首先,金砖国家新开发银行要市场化运作,避免成为一个行政化、官僚化的机构。如此方能实现可持续性的发展,尤其是确保财务的健全和可持续性。可采取事业部和区域银行结合的体制。其次,强化金砖国家的合作基础。可设立一个独立的监测机构,建立金砖国家自己的经济监测机制,建立金砖国家多边和双边经济战略对话机制,并在将来时机成熟时启动核心经济指标趋同计划。最后,努力加强金砖国家之间,包括政治上的互信和合作、民间学者参与的交流机制等在内的各个层面、各种渠道的交流。

综上所述,国际金融机构广泛参与了全球金融治理全过程,发挥了多方面、立体化的治理功能,但也面临着"低效、不公正、不独立"的批评。在全球金融治理中,国际金融机构的积极作用与消极懈怠并存的矛盾表明，国际金融机构要想真正成为全球金融治理的建构者和促进者，还需要积极协调其成员对自身利益的合理关切，正视并有胸怀接受国际金融格局的变迁，在国家、地区和国际社会之间寻得利益交汇点，从而发挥自身应有的功能和国际影响力，推动更完善的全球金融治理。

参考文献

［1］金立群.我们的所作所为必须令人信服——金立群眼中的亚投行［N］.新华网，2015-12-25.

［2］金塘.世行将与亚投行探讨联合融资可选方案［N］.21世纪经济，2015-07-17.

［3］廖凡.国际金融监管的新发展：以G20和FSB为视角［J］.武大国际法评论，2012（1）：176-191.

［4］孙景宇，张璐.复苏与改革：中东欧尚未完结的转型之路——欧洲复兴开发银行2010年《转型报告》评述［J］.俄罗斯中亚东欧研究，2012（1）：60-67.

［5］托马斯，布兰顿.国际金融机构开放性的抗争历程与启示［J］.王年咏，译.经济社会体制比较，2009（2）：34-40.

［6］叶扬，张文.世界银行治理结构改革与中国的应对策略［J］.西部论坛，2015（03）：82-90.

［7］易纲.国际货币基金组织应利用SDR应对新冠疫情［N］.金融时报，2020-07-16.

［8］张长龙，邓晓媛.开发性国际金融组织的特权与豁免［J］.华南理工大学（社会科学版），2015，17（2）：45-53.

［9］Eichengreen B. Banking on the BRICS. Project Syndicate.［OL］2014-08-13.［Cited: 2020-07-30.］https://www.project-syndicate.org/commentary/barry-eichengreen-is-bullish-on-the-group-s-new-development-bank--but-not-on-its-contingent-reserve-arrangement?barrier=accesspaylog.

［10］Griffith-Jones S. *Financing global development: the BRICS new development bank*［R］. Briefing Paper, 2015.

第五章

货币政策缺乏国际协调

一、金融自由化与货币政策的潜在成本

一般来说，金融周期是围绕经济周期波动的。但是在金融自由化的进程中，两者的偏离程度大幅扩大。美国房地产价格的变动率在 21 世纪以前围绕 CPI（居民消费价格指数），大致在其上下 5% 的范围内波动。然而进入 21 世纪后，两者的偏离程度越来越大，在房地产泡沫破裂的前后都达到 10%（见图 5.1）。

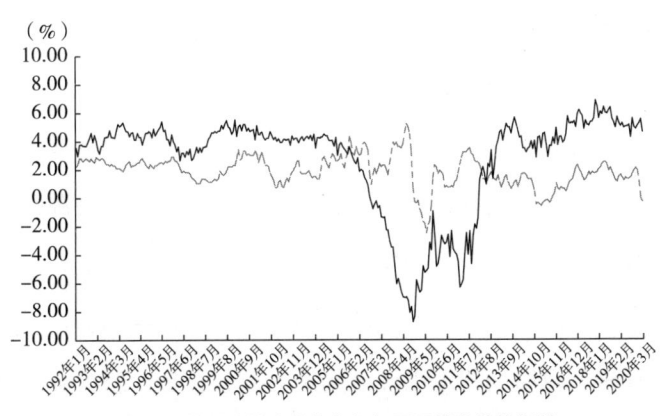

图 5.1　美国房地产价格指标与居民消费价格指数

资料来源：房地产价格指标来自 Federal home loan mortgage corporation, Freddie Mac；CPI 来自 Bureau of labor statistics, US。

金融周期与经济周期的内在作用机制也发生着变化。按照传统的金融学理论，金融资产的价格往往反映市场对实际经济的预期。但是随着金融自由化的演进，金融周期对实际经济周期的反作用增强。

首先，金融市场的顺周期性和内在不稳定性对实际经济的可持续增长构成潜在威胁。这是国际社会探讨最多的话题，也是最重要的话题。金融周期可以脱离经济总供给的约束而自我加强。反过来，经济增长对金融杠杆的依赖逐渐加深。金融周期的过度发展导致企业债务悬置、金融市场系统性风险、金融机构"大而不倒"等种种问题。

其次，金融业的过度发展对实际经济的效率产生负面影响。从不同类型的借款方在美国信贷流量（期末余额与期初余额之差的绝对值）中的占比来看，自布雷顿森林体系崩溃后，金融部门占比从20%左右上升至互联网泡沫和房地产泡沫破裂前的50%左右，即使在两次危机之间，该比例也达到约30%（见图5.2）。这暗示着更多的资金不直接流入实体经济。从另一个角度来看，美国金融业的附加值占GDP的比重从20世纪50年代到2008年全球金融危机爆发为止，上升了大约1倍（见图5.3），这意味着资源从低效率部门向高效率产业部门转移的交易成本或摩擦损耗上升，资源配置优化的边际效益下降，甚至可能变为负值。

梳理上述事实后回顾美国的货币政策，可以看到，在金融自由化的进程中，政府一味地以经济周期为调整目标，忽视金融周期的过度膨胀，反映了货币政策规则的僵化和政府对市场力量的盲目信任。

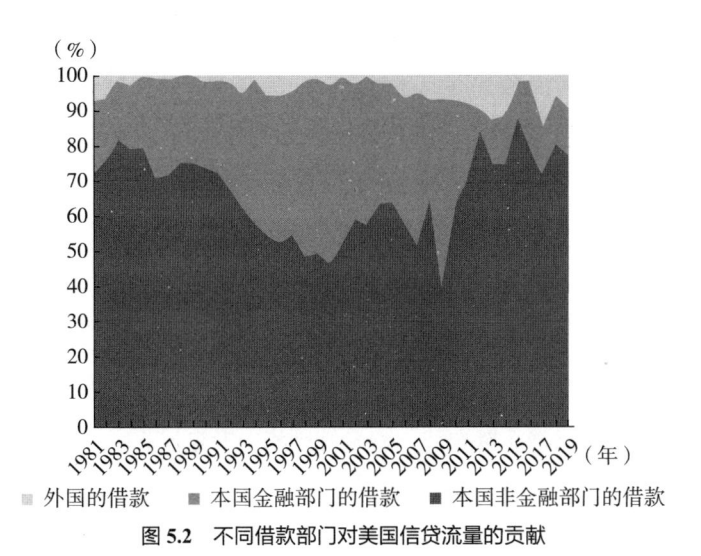

图 5.2　不同借款部门对美国信贷流量的贡献

资料来源：美联储。

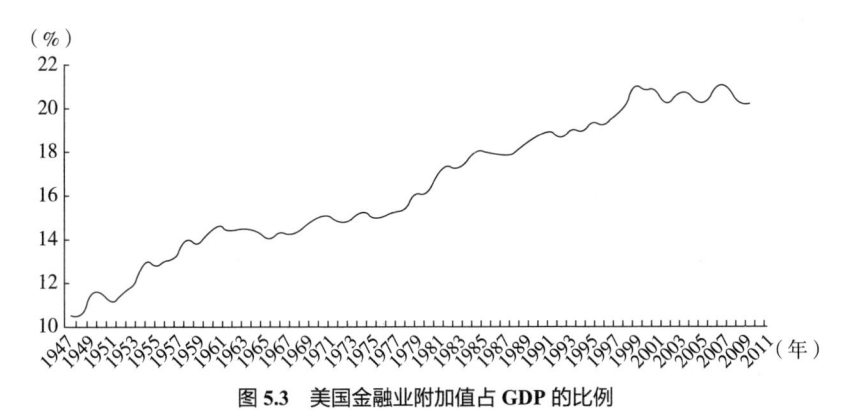

图例：外国的借款　本国金融部门的借款　本国非金融部门的借款

图 5.3　美国金融业附加值占 GDP 的比例

资料来源：美国经济分析局。

最后，货币政策的传导机制随着金融自由化的进程发生变化。20 世纪 90 年代，美国享受了新经济带来的 3%~5% 的增长速度，21 世纪初，美国经济进入新常态，其潜在增长速度可能下降至 1%~2%。美国的资本市场缺乏好的投资机会，但由于新兴经济体普遍缺乏有效的资本市场，这些国家的储蓄仍流向美国。在这种情况下，储蓄难以完全转化为对实体经济的投资，金融自由化允许剩余储蓄以资金形式滞留于金融体系内，这些资金中的大部分被用于购买非金融性金融资产及进行投机和套利活动。如此，扩张的货币政策所释放的资金亦无法顺畅地流入实体经济，从而无法有效地刺激通胀。若观察20世纪80年代中期以来美国的政策利率与通胀的关系，不难发现，尽管政策利率不断下调，但严重的通货膨胀一次都没有发生。反之，从互联网泡沫破裂开始，美联储一直担心陷入通货紧缩，当2002年末CPI增速止跌企稳，泰勒规则指向升息操作时，美联储继续下调利率，即便如此，之后几年美国仍然保持较低的通胀水平。

反观货币政策对金融周期的作用，后者对前者变化的敏感度大幅增强。在金融抑制的阶段，从1966—1979年的整个期间来看，美国政策利率上升了约9%，纽约股票综合指数仅在400点~700点之间波动。进入金融自由化的阶段，政策利率的下调伴随着上述股价指数从20世纪80年代起到2008年全球金融危机爆发前累计上升了约10倍（上海发展研究基金会，2016）。从美国国内信贷的数据来看，在布雷顿森林体系下，信贷增速随政策利率的波动幅度有限，而在金融自由化的进程中，前者对后者的变动更加敏感，特别是当政策利率上升时，信贷增速容易急剧下降，从而造成国内信贷的大幅波动（上海发展研究基金会，2016）。

观察金融市场的风险偏好指数（CBOE VIX）可能会使问题更加清晰，20世纪90年代初至2008年全球金融危机前，美联储经历了两轮大的降息周期，分别是1990年中至1993年末和2000年末至2003年末。两轮大降息之后都分别迎来风险偏好指数的两次大低谷，紧随着这两次大低谷的是信贷和股票市场的两轮大繁荣。当美联储进入大的升息周期后情况则相反，风险偏好回升，信贷萎缩，股价回落。为人所熟知的特征事实是：2000年股市泡沫的破裂，以及2008年房地产泡沫的破裂。

将上述线索拼在一起容易得到下面的假设：发达国家自20世纪80年代开始的金融自由化进程在提高效率的同时，释放了金融不稳定性。在此过程中，金融周期对政策利率的敏感程度得到加强。具体来说，降低政策利率将鼓励金融机构承担更多的风险，从而刺激私人流动性的创造和资产价格的上涨。从理论上讲，随着资产价格被高估或低估，金融市场的风险感知将自发修正，但是以美联储为代表的系统重要性央行创造的长期、宽松的货币环境，对未来时期风险感知的人为抑制，鼓励了错误的风险承担，从而使金融周期走向更大的繁荣阶段（Rey，2013）。同时，传统的传导机制被削弱，通胀在低利率的刺激下难有起色，这使得金融周期和经济周期的偏差加大，最终导致金融危机。

当然，储备货币发行国货币政策的宽松立场对风险感知的抑制作用有利于在金融危机爆发前后抚平市场的恐慌情绪。但上述作用的效果可能是滞后和持续的，即宽松立场的长期保持可能在未来产生沉淀于金融体系的成本，即过度的风险承担和日益积累的系统性风险。

二、金融全球化与货币政策的溢出效应和溢回效应

21世纪以来国际金融体系经历了另一场变革，即金融全球化，

其引发的典型事实之一是各国的金融周期表现出某种程度的协同性。在 2011 年以前，G4 国家与金砖六国国内超额信贷的长期趋势具有显著的协同性，其先下降后上升的演变过程反映了无论发展中国家还是发达国家都在 21 世纪的最初几年享受了实体经济的复苏或繁荣，随后，经济增速放缓，金融周期开始向上偏离经济周期。2011 年以后，发达国家和发展中国家的情况发生分化，该指标在发达国家不断下降，在发展中国家反而上升，这符合危机后发达国家（主要指美国）经济的率先复苏和去杠杆以及发展中国家（主要指中国）经济增速的放缓和加杠杆的事实（见图 5.4）。

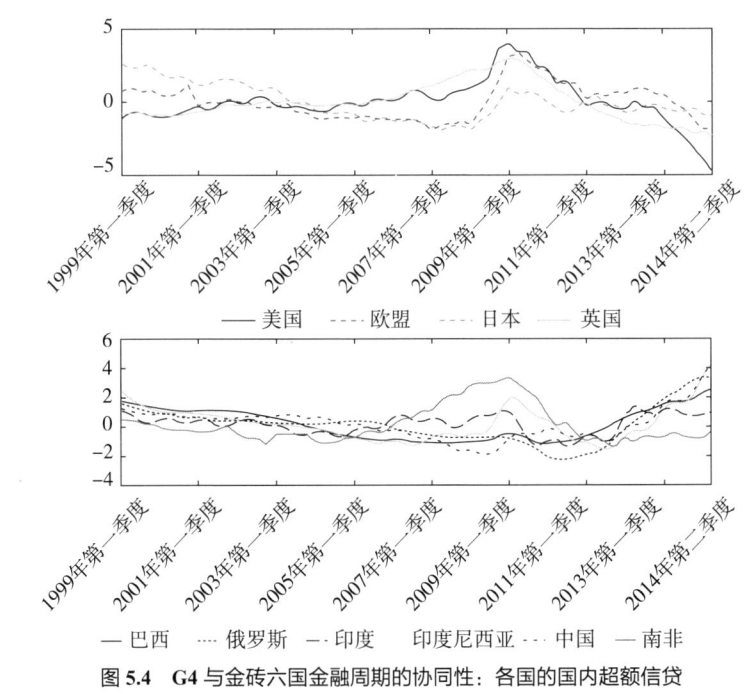

图 5.4　G4 与金砖六国金融周期的协同性：各国的国内超额信贷

资料来源：信贷数据来自 BIS，名义 GDP 数据来自 IFS、IMF。其中，中国的数据来自国家统计局。各国的国内超额信贷等于各国 GDP 对国内私人非金融部门贷款进行回归后得到的残差。在对 GDP 进行调整后，本图还对得到的序列进行了季度调整和标准化。

以下因素使得金融周期的协同性可能成为国际金融体系的"麻烦"。第一，各国经济周期的协同性并不像金融周期那么显著。这意味着某些国家（例如一边面临信贷膨胀一边面临通货紧缩的国家）的金融市场可能蕴含着较大的系统性风险。第二，经济周期的协同性弱于金融周期可能限制某些国家货币政策的操作空间，借用上述的情景假设，从调节实体经济的需要出发，这些国家应该降低利率，但降低利率可能把虚拟经济推向更大的繁荣，导致金融市场积累更大的系统性风险。第三，各国金融市场的成熟程度不同，新兴经济体的金融市场抵御冲击的能力普遍弱于发达经济体。这些因素导致的后果是：虽然金融全球化使开设于不同地区的私人金融（分支）机构间形成一张相互支援的"安全"网络，但危机仍可能在某个薄弱的节点爆发，然后沿着这张网向全球蔓延。

在金融全球化的背景下，国际储备货币发行国的货币政策能够通过影响国际市场的风险感知作用于全球流动性及各国的金融周期，并削弱其他国家货币政策的独立性。首先，如上文所分析的，国际储备货币发行国的货币政策对全球系统性金融风险具有调节作用。其次，全球系统性金融风险的冲击可以驱动世界各经济体的金融周期，因为只要一个经济体具有向国际金融市场融资的渠道，全球系统性金融风险即为该经济体个别风险的组成部分，而在经济体内，金融周期、私人流动性与金融市场的风险感知是内生作用的。

以中国为例，2008年全球金融危机后中国金融周期曾一度进入泡沫阶段。大致从2010年第一季度开始，中国的信贷增速转而下降，超额信贷存量和商业银行的感知风险持续上升，这些指标的变动方向符合典型泡沫阶段的特征，随后中国政府出台了一系列房地产调控政策，减缓了上述指标的变化速度。但是2015—2016年，中国上市商业银行的贷款减值准备与信贷存量的比例，以及银监局公布的商业银行不良贷款率依旧处于上升趋势，由于2014—2015年经济增速放缓，国内超额信贷存量甚至出现加速上升的情况，这意味着系统性风险继续积聚。上述中国金融周期一定程度上是受全球流动性驱动的。金融危机后，全球资本环流的变化和中国金融开放的尝试导致中国跨境资本流动规模持续上升。随着中国金融市场与国际金融市场连通程度提高，全球风险偏好对国内风险偏好的传导也越发显著。

此外，货币政策的"溢出效应"还会带来"溢回效应"，即受到系统重要性国家货币政策影响而变得更加脆弱的新兴市场，会将其不利因素通过全球化的经济活动反馈回来。例如，从2008年11月开始的美联储非常规货币政策对平抑全球金融恐慌效果显著，为世界经济复苏创造了良性的货币环境，从这个意义上讲，该政策具有正外部性。然而随着美国经济的率先复苏，2015年12月，美联储如期加息，开启了货币政策正常化。一个月后，IMF总裁拉加德在讲话中提到，由于发展中国家的企业部门恰恰在过去5年内迅速积累了净的美元负债头寸（IMF，2015），美元加息将使这些国家和部门更加脆弱；由于新兴市场正不断发展为世界经济的增长引擎，美联储政策对新兴市场的不利影响关系到世界各国包括美国本身，即所谓"溢回效应"（Lagarde，2016）。追根溯源地讲，金融危机后新兴市场美元负债的快速积累与金融危机后过度充裕的全球流动性是相关的。所以总体来讲，在金融全球化的背景下，国际储备货币发行国央行能够通过其货币政策的外溢效应使货币政策沉淀于金融市场的潜在成本可以让全球金融市场分摊,这对其他国家而言显然是不公平的。

三、货币政策国际协调的现状

孙国峰将货币政策的国际协调分为狭义和广义。狭义上指一国的货币当局在选择和实施货币政策时考虑其他国家的反应,以尽可能最大化自身利益。广义上指各国在充分考虑国际经济联系的前提下,以互利共赢的方式选择和实施货币政策(孙国峰,2016)。

全球金融危机前,货币政策的国际协调以狭义为主。全球金融危机后,随着货币政策的外溢效应被日渐重视,广义的货币政策国际协调有所增强。

首先,为应对全球金融危机的影响,主要发达国家央行一致性地调低利率。美联储从2007年底至2008年底,多次降息,联邦基金利率降低到0.25%。英格兰银行自2007年12月至2009年3月,降息九次至0.5%的基准利率水平。欧洲央行金融危机期间对主要再融资利率连续下调325个基点至1%。日本央行在2010年10月将短期目标利率降低到0~0.1%。

其次,主流发达国家央行采取了一系列非常规货币政策,包括量化宽松、负利率、借出工具创新、前瞻指引等。

美联储还和诸多央行建立了货币互换。比如说2008年全球金融危机期间,美联储与14个国家先后进行了双边的货币互换。2013年,美联储与英格兰银行、日本央行、欧洲央行、瑞士央行和加拿大央行签订了无限量备用的永久货币互换协议,让各国央行可以为其金融机构提供他国货币的流动性。2020年，随着新冠疫情蔓延带来的各国流动性危机，美联储又与澳大利亚、巴西、丹麦、韩国、墨西哥、挪威、新西兰、新加坡、瑞士等签订了暂时性的货币互换协议，其中与丹麦、挪威和新西兰的协议规模各300亿美元，其余六国各为600亿美元。

各国央行还通过各种协商、峰会共同讨论货币政策的实施。G20央行行长和财长会议也为各国央行提供了讨论货币政策实施的平台（见表5.1）。从G20央行行长和财长会议的声明来看，其仍然主要强调货币政策围绕本国的通胀和经济目标。但也鼓励央行之间充分沟通，并强调了不进行汇率竞争性贬值。

表5.1 2013年以来G20央行行长和财长会议货币政策协调内容

2013年2月16日	互相合作以持续减少全球不平衡，避免汇率竞争性贬值监控和减少他国政策的负面效应
2013年4月19日	注意延长的货币宽松带来的负面效应，避免汇率竞争性贬值，货币政策应支持经济活动和物价稳定
2013年7月20日	对延长的货币政策宽松带来的风险和负面作用保持警惕，货币政策应围绕各国的通胀水平，支持经济复苏
2013年10月11日	互相合作确保政策的实施能在支持本国增长的同时也支持全球的增长和金融稳定，并控制对他国的溢出效应
2014年2月23日	认为大多数发达国家的货币政策应保持宽松，但应有正常化的期限路线
2014年9月21日	及时交流央行的行为，注意金融市场的风险，注意通缩风险
2015年2月10日	认为一些国家仍需要宽松的货币政策，一些国家可以货币政策正常化，在全球货币政策分化的背景下，货币政策的实施应通过交流来最小化负面的溢出效应
2015年4月17日	肯定发达经济体的适当的货币政策有利于稳定通胀预期，支持经济复苏，但在全球货币政策分化的背景下，货币政策的实施应通过交流来最小化负面的溢出效应，可以通过宏观审慎措施来处理大规模的资本流动

续表

2015年9月5日	交流货币政策，以最小化负面的溢出效应，减轻不确定性，保持透明度
2016年2月27日	避免汇率竞争性贬值
2016年4月15日	避免汇率竞争性贬值
2016年7月24日	避免汇率竞争性贬值
2017年3月18日	避免汇率竞争性贬值
2018年3月20日	避免汇率竞争性贬值，肯定宏观审慎政策的有效性
2018年7月22日	货币政策应支持经济活动和物价稳定，避免汇率竞争性贬值，清晰交流宏观经济和结构性的政策行动
2019年6月9日	货币政策应确保通胀稳定在目标水平，或向目标水平发展央行的决定应和市场充分沟通
2020年2月23日	货币政策应支持经济活动和物价稳定
2020年4月15日	采取一系列货币政策措施来支持经济和金融稳定

资料来源：上海发展研究基金会。

但是目前的货币政策国际协调仍然缺乏权威性的组织和协定，并未建立国际性的货币政策协调机制。同时这种协调缺乏监督和惩罚机制，只能是各国央行基于本国利益的自发行为，因此难以解决货币政策的负面溢出效应。

参考文献

[1] 上海发展研究基金会. 全球金融治理：挑战、目标和改革［R］. 2016, http://www.sdrf.org.cn/upfile/2016/Global_Governance.pdf.

[2] 孙国峰，尹航，柴航. 全局最优视角下的货币政策国际协调［J］. 金融研究，2017，000（003）：54-71.

[3] IMF, 2015, *Global Financial Stability Report*, October, Chapter 3.

[4] Lagarde C. *The Case for a Global Policy Upgrade*［C］. Speech at Farewell Symposium for Christian Noyer, Banque de France, Paris, January. 2016, 12.

[5] Rey Hélène. *Dilemma not Trilemma: The Global Financial Cycle and Monetary Policy Independence*［J］. Proceedings, Jackson Hole, 2013.

第六章
全球金融监管存在的缺陷

　　金融监管是以现有的法律和规章来检查金融机构的合规性、纠正金融市场可能出现的失序、保护金融消费者的政府规制行为。全球金融监管是全球金融治理的重要组成部分，是监管类国际金融机构的基本功能，也是防范国际性金融危机的主要手段之一。每一次大型金融危机的暴发都是对金融监管有效性的挑战（巴曙松，2009）。2008年金融危机同样爆露了全球金融监管中存在的很多不足，包括：监管理念的错误；宏观审慎监管的缺失，主要是由于对特定金融行为的大规模盛行缺乏足够的重视；无法很好地应对系统重要性金融机构倒闭的负外部性，产生"大而不倒"问题；金融监管本身出现负外部性，比如顺周期性等。这些问题在危机后受到国际社会的广泛关注和重视，无论是国别层面，还是全球层面都进行了大量的研究和有针对性的改革。在全球化的背景下，金融活动的全球化与金融监管的国别性之间的矛盾已经成为影响全球金融监管有效性的主要矛盾，全球化金融活动的负外部性与国别性金融监管的负外部性在其中同时存在，甚至出现叠加。要有效应对全球化的金融活动，金融监管也需要走向全球统一监管。FSB正在进行的针对系统重要性金融机构的全球统一框架可以看作是向着这个理想目标的推进，而其他的大多数改革仍然停留在国别层面。当然，理想化的全球金融监管需要各国进行监管权力的让渡，不是短期内可以实现的。当前的全球金融监管仍是以各国各自行使主权监管为主的全球金融监管。但从全球金融监管旨在减弱全球化金融活动负外部性和避免自身产生较大负外部性的角度来看，主权监管为主的全球金融监管仍存有很大的改进和协调空间，并应该逐渐向理想化的全球监管模式转变。

一、金融全球化与监管国别化的矛盾

金融活动全球化和金融监管国别化的矛盾已经成为影响全球金融监管有效性的主要矛盾，它表现在以下几个方面。首先，国别化的全球金融监管显然越发无力应对日益全球化的金融活动所产生的负外部性。目前的全球金融监管对跨境金融活动缺乏有效的监管，大量交易在弱监管的跨境场外市场交易，给全球金融体系带来巨大的风险隐患。其次，国别化的金融监管难以有效地监管全球性的金融机构。在日益一体化的国际金融市场中，市场参与者，特别是跨国集团可以同时在多个不同的司法管辖区和金融市场运作，进行监管套利，而碎片化监管的有效性是很值得怀疑的。再次，国别化的监管条件下，各国监管者之间存在着沟通不畅和利益冲突等问题，它们事实上跨越多个不同的市场在进行着多方博弈，不可避免地存在着监管的负外部性。各国有着不同的利益诉求，研究表明，各国的金融监管者若注重短期利益会选择监管竞争策略，若注重长期利益则会选择监管合作策略，而目前多数监管者仍追求短期利益，这使得国际金融监管中的"囚徒困境"问题始终存在（于维生和张志远，2013），因此无法形成面向全球整体利益的全球金融监管（禹钟华和祁洞之，2013），特别是当监管的成本和收益不匹配时，比如对主要国际储备货币缺乏有效的监督和管理，储备货币发行国首先从本国利益出发决定其货币政策而不是全球利益。最后，全球化的金融机构和金融活动的负外部性与国别性的金融监管的负外部性还会在一些地方出现叠加，比如当跨国银行的监管成本在母国而大部分风险在国外的时候，母国可能会放松监管，而跨国银行又有动力利用母国和东道国监管的差异进行监管套利。

虽然美国主张全球其他国家与其一起同步升级金融监管标准，也得到了一些国家的支持，但在具体措施上即使是美国也仍表现出"单边主义倾向"（马素红，2010）。从全球层面看，在 G7 的基础上，G20 应运而生并就如何建立统一的监管标准，规范国际金融活动进行了多次磋商。2009 年 4 月 G20 伦敦金融峰会发布了报告《加强监管和提高透明度》，明确提出要建立强有力的、全球一致的金融监管框架（Global Unions，2009），将 FSF 升级成 FSB，并将其成员扩展至所有 G20 成员国；FSF 于 2009 年 4 月首次提出恢复和处置计划（Recovery and Resolution Plan，RRP）的概念，并在升级成 FSB 后联合巴塞尔银行监管委员会、国际证监会组织和国际保险监督管理协会就全球系统重要性金融机构统一的监管框架进行了研究，主张监管机构应主动监测存在的问题，并在早期进行干预以减少金融机构及整个金融体系发生危机时所带来的潜在风险（马素红，2010）。目前，巴塞尔银行监管委员会负责识别全球系统重要性银行，FSB 于 2011 年开始每年公布全球系统重要性银行名单；国际保险监督官协会负责识别全球系统重要性保险机构，FSB 于 2013 年开始公布全球系统重要性保险机构名单；非银行、非保险全球系统重要性金融机构的识别估计将由国际证监会组织负责，目前 FSB 正与国际证监会组织一起就《识别非银行非保险全球系统性重要金融机构（NBNI G-SIFIs）评估方法》进行公众咨询。此外，巴塞尔银行监管委员会于 2010 年底出台了《巴塞尔协议Ⅲ》，以进一步规范银行的资本运营，降低监管的顺周期问题，同时强化了资本监管标准在全球实施的一致性和可比性（王兆星，2015），并于 2013 年 1 月出台了《有效风险数据集中和风险报告的原则》（Principles for effective risk data aggregation and risk reporting），从全局性的管理和基础设施建设、风险数据集中能力、风险报告实践、监管者检查、工具运用和合作等方面提出了 14 条原则。但是 FSB 等国际机构并不具有实际的监管权力，建立全球性金融监管机构或搭建全球金融监管体系仍然停留在学术领域，监管的主体仍然是各国政府。

二、监管理念的偏颇

多年来，在国际经济学界和决策层，在自由市场机制与金融监管问题上，流行坚持市场至上、放松管制的理念。美联储前主席格林斯潘将此表述为，最少的监管就是最好的监管。放松管制的目的是要最大限度地发挥市场自我调节机制，实现高效发展。然而残酷的现实表明：片面追求金融创新与市场效率，缺乏必要的监管，是会积累风险的。有效的政府监管对金融市场的健康发展至关重要，而政府监管的缺失将对市场发展产生严重的危害。而且，随着金融工程的迅猛发展，各种金融衍生工具被设计得越来越复杂，金融创新使得传统的金融行业界限变得模糊，"跨界"成为金融机构业务扩张的重要突破口，混业经营逐渐成为市场发展的一个趋势。在这种混业经营趋势下，过去的分业监管理念越来越不适应市场需求的变化，从而为金融危机的出现埋下了伏笔。在2008年全球金融危机中，由监管缺失引发的一系列市场危机，不仅破坏了市场经济的运行秩序，还不同程度地破坏了金融市场的运行机制，抑制了市场机制的活力，影响了金融市场基本功能的发挥，削弱了其赖以生存和发展的基础。实践证明，市场并不总是能够有效解决自己的问题，反而由于信息不透明、主观欺诈、监管套利等行为将风险进行集中、转移甚至扩大。

因此，加强监管成为各国政府的共识。主要发达经济体在对危机教训深入反思的基础上，积极推进金融监管改革，核心是提高金融监管标准，扩大金融监管范围，全面加强金融监管力度。例如美国的《多德-弗兰克华尔街改革和消费者保护法案》（下文简称《多德-弗兰克法案》）、英国的《2012年金融服务法案》、欧盟的《金融工具市场指令》（MiFID II）等。

美联储虽然在2020年6月通过了《多德-弗兰克法案》沃尔克规则的修改，但去监管的力度并不大。这次修改，一是允许银行增加对创业投资基金等的投资，不过这些投资需要非常高的资本金，对银行不太具有吸引力。二是取消了银行在与旗下机构交易衍生品时必须缴纳初始保证金的要求，让美国大行在国际市场上与其他主要银行公平竞争，但影响力也不大。对银行做市商业务的限制、美联储年度压力测试（CCAR）的严格要求，这些华尔街最期待的松绑都未放开，由此显出即使因新冠疫情而监管略有放松，但放松很有限，加强监管仍然是主流思想。

三、宏观审慎监管的缺失

宏观审慎监管框架是全面的金融监管，不仅要关注微观金融机构个体行为，更要关注系统性金融风险（Bernanke，2009），它包括对银行的资本要求、流动性要求、杠杆率要求、拨备规则，对系统重要性机构的特别要求，会计标准，衍生品交易的集中清算，等等（周小川，2011）。它不是为了创造一个没有风险的市场，而是在市场失灵时保持金融体系作为一个整体能够健康地发展并避免系统性风险。金融宏观审慎监管的缺失被认为是2008年全球金融危机发生的重要原因（马素红，2010）。

金融监管对特定金融行为的大规模盛行关注不足是宏观审慎监管缺失的最主要表现之一，比如影子银行业务。IMF认为对影子银行的监管也是宏观审慎监管的一部分。影子银行是指在常规银行系统或非银行短期信用中介（non bank credit intermediation in short）之外的信用中介活动或参与信用中介的机构（FSB，2011），一般缺乏有效的监管。影子银行的发展可能具有挤兑风险[1]、代理问题[2]、不透明性和复杂性[3]、顺周期性[4]等方面的潜在风险，是美国次贷危机爆发的重要原因。此外，次贷危机前次级抵押贷款的大规模发行、规模巨大且波动频繁的短期跨境资本流动等金融行为也应该得到全球金融监管足够的关注。

G20伦敦金融峰会把从宏观审慎角度丰富和完善金融监管作为其最终报告的首要建议之一（Global Unions，2009）。各国也相继出台改革措施以应对"复杂的、跨部门的、相互作用的"系统性风险，比如成立一个强有力的负责宏观审慎监管的机构等（何德旭和

---

[1] 由于影子银行在一定程度上承担信用中介的职能，它们就可能面临一些类似银行的风险，包括资产方的信用风险、负债方的高杠杆、流动性风险、期限错配等，以及由此产生的挤兑风险。由于没有来自正式官方部门的流动性支持，没有类似银行体系的审慎标准和监管，影子银行的挤兑风险可能比传统银行体系更大。参见：Adrian, Tobias. *Financial Stability Policies for Shadow Banking*. FRBNY Staff Reports No. 664, Federal Reserve Bank of New York, 2014; 巴曙松. 金融危机下的全球金融监管走向及展望[J]. 西南金融, 2009, 10:11–14.

[2] 在影子银行系统中，金融中介活动往往被分拆至多个机构，从而使潜在的代理问题更加严重。参见：Adrian, Tobias, Adam B. *Ashcraft and Nicola Cetorelli*. Shadow Bank Monitoring. FRBNY Staff Report 638, Federal Reserve Bank of New York, 2013.

[3] 在危机期间，投资者往往更倾向于高质量、高透明度的中介机构，不透明性和复杂性使影子银行在危机时更易受到较大的冲击。参见：Caballero, Ricardo and Alp Simsek. *Complexity and Financial Panics*. NBER Working Paper 14997, National Bureau of Economic Research, Cambridge, Massachusetts, 2009.

[4] 在经济良好时期，资产价格浮动和低保证金要求，导致影子银行会维持较高的杠杆或从事其他高风险金融活动，从而助推金融资产泡沫。而在危机期间，抵押证券价值下降，保证金要求上升，又会带来快速去杠杆和保证金追加，并通过所有权联系、资金寻求安全保障、金融主体快速抛售等影响到金融体系的其他部分。参见：Financial Stability Board（FSB）. *Policy Framework for Addressing Shadow Banking Risks in Securities Lending and Repos*. Consultative Document, 2013.

钟震，2013）。其中美国于 2010 年 7 月 25 日签署通过了新的监管法案——《多德－弗兰克法案》，同时授权成立财政部牵头的金融稳定监督委员会以有效识别和监控系统性风险，以及成立消费者金融保护局。金融稳定监督委员会负责宏观层面的识别和监管职能，同时协调美国联邦存款保险公司、美国货币监理署、美联储、美国证券交易委员会等监管机构对跨业系统性风险进行监管。欧盟于 2010 年 6 月 19 日通过了《欧盟监管体系改革》，在成员国金融发展监管状况不一的情况下，力图建立统一的监管模式，成立由成员国中央银行行长组成的欧洲系统性风险委员会，旨在监控整个欧洲的金融体系的系统性风险，并在潜在风险向危机转换之前进行早期预警并向欧盟提出补救措施建议。英国在英格兰银行下成立金融政策委员会，负责监控系统性风险，实施宏观审慎监管，指导审慎监管局和金融行为监管局有关宏观审慎方面的工作，监测分析威胁经济金融稳定的宏观问题（包括防止资产泡沫的产生），并有权采取相应行动。但影子银行增长的关键驱动因素之一正是银行监管的收紧。虽然 2008 年全球金融危机以来，发达国家狭义影子银行的增长处于停滞状态，但广义影子银行仍然持续增长，新兴市场国家的影子银行增长也快于传统银行体系（IMF，2014），必须给予足够的重视。此外，最宏观的宏观审慎监管即为全球层面监管，但全球层面的改革相对缓慢，跨国家的、跨司法管辖区的系统性金融风险仍然威胁着全球金融稳定。

四、"大而不倒"的问题

事实上，现在的系统重要性金融机构已经不仅仅是"大而不倒"的问题。最近的研究认为，系统重要性金融机构指的是"那些具有一定规模、市场重要性以及全球相关度"（何德旭和钟震，2013）以致"其倒闭可能给金融体系造成系统性风险进而可能引发金融危机、损害实体经济的金融机构"。其中全球性系统重要性金融机构是指"那些具有一定规模、市场重要性以及全球相关度以致破产或出现问题时会对全球金融体系造成严重紊乱并在多个国家内产生经济后果的金融机构"。当系统重要性金融机构上升到全球系统重要性金融机构时，问题则更加突出。全球系统重要性金融机构能够同时在全球不同的司法管辖区开展业务活动，进行监管套利，并且结构复杂，母国监管者往往缺乏专业技术和充分的信息来正确地理解其庞大且复杂的业务和风险状况，只能依靠金融机构的风险模型进行监管，大大影响了监管的效果（Emilios Avgouleas，2012）。而东道国监管者更是可能只对处于他们管辖区内的业务部分才有所了解。同时，全球系统重要性金融机构不仅具有更强的监管套利动机和能力，也产生了更多的监管成本和收益不匹配问题。比如母国可能承担了更多的监管责任而收益是与东道国一起分享的，而如果它放松对该机构的监管，母国可能获得更大的税收收益而风险是所有国家共担的。因此，加强对全球系统重要性金融机构的监管是非常必要的，对全球系统重要性金融机构"监管应该更严，审慎性标准的要求应该更高，如果出了问题处理也应该更坚决"（周小川，2011）。

系统重要性金融机构因其组织和业务结构复杂性、巨大的负外部性、不可替代性以及道德风险等问题成为2008年全球金融危机后各国金融监管改革的主要目标之一。在美国，宏观层面，联邦存款保险公司设立了办公室（Office of Complex Financial Institutions，CFI），专门负责对总资产1 000亿美元以上的银行控股公司和被金融稳定监督委员会认定为系统重要性的机构进行监管及破产清算；金融稳定监督委员会要求资产规模超过500亿美元的金融机构定期报告相关财务、风险管理、交易与业务等情况。微观层面，美联储负责研究如何对系统重要性金融机构实施具体监管以及如何评估单家机构的系统性风险等问题。法律层面，"沃尔克规则"正式确定，它采用"结构性分离"方式限制系统重要性金融机构的规模、可替代性和关联性，从根本上防止出现过大和过于复杂的金融机构；倒逼系统重要性金融机构从过度综合化经营回归传统业务，切断金融风险的传递链条，从而降低系统重要性金融机构发生危机的可能性（何德旭和钟震，2013）。在欧盟，欧洲系统性风险委员会负责评估跨国金融机构的风险传染性，并于2011年1月成立由原欧盟银行监管委员会改组而成的欧洲银行管理局，以构建跨国平台帮助跨国金融机构的母国和东道国监管机构沟通信息和解决纠纷。但各国在限制系统重要性金融机构上的步调并不一致。

2010年，按照G20领导人要求，FSB提出了降低系统重要性金融机构风险监管框架的三大支柱。一是要求具有更强的损失吸收能力，与其给金融体系带来的风险相匹配。全球系统重要性银行根据其系统重要性适用 1%~3.5% 不等的附加资本。2015 年，金融稳定理事会发布总损失吸收能力标准，要求全球系统重要性银行总损失吸收能力于 2019 年达到风险加权资产的 16% 和《巴塞尔协议Ⅲ》杠杆率分母的 6%，并于 2022 年分别达到 18% 和 6.75%，确保有充足资本和合格债务工具来吸收损失、抵御风险。二是要求实施更严的监管标准和强度更高的持续监管。包括在公司治理、风险管理、压力测试和数据加总等方面提出更高的监管要求；实施频率更高、更为深入细致的监督检查和更严格的风险评估；给监管机构赋予更广泛的法律授权、配置更充足的监管资源等。以巴塞尔大额风险暴露标准为例，银行同业间大额风险暴露限额为不得超过一级资本净额的 25%，但全球系统重要性银行之间不得超过 15%。三是要求建立更有效的处置框架，实现有序市场退出。制订恢复与处置计划，开展可处置性评估，提早清除有碍于处置的因素，更好地为应对危机做准备。要求母国和东道国强化跨境监管合作，建立危机管理工作组，签订跨境合作协议。在国际层面，巴塞尔银行监管委员会于 2011 年 11 月发布报告《全球系统重要性银行：评估方法与更高损失吸收能力要求》，从规模、复杂性、可替代性、关联度、跨境业务活动五个维度识别全球系统重要性银行。2011 年以来，每年公布的全球系统重要性银行在 28~30 家之间。截至 2019 年底，全球系统重要性银行中有 4 家中国的银行（中国银行、工商银行、建设银行和农业银行）。巴塞尔银行监管委员会每三年对评估办法进行审查，先后于 2013 年和 2018 年进行两次修改，均基本维持了原有框架。新的评估办法原定于 2021 年开始实施，由于新冠疫情的影响，巴塞尔银行监管委员会决定推迟一年实施，对全球系统重要性银行提出的更高杠杆率要求也相应推迟（曹宇，2020）。

巴塞尔委员会、金融稳定委员会、国际清算银行、国际货币基金组织和世界银行等国际金融组织正在努力完善跨境金融机构的监管和破产清算框架。系统重要性金融机构，尤其是全球系统重要性金融机构，从监管监督到倒闭清算都涉及许多国家的法律框架和管辖问题，需要进行密切的国际合作。主要国际金融监管组织在要求系统重要性金融机构增强自身抗危机能力的同时，也在为它们的监管和倒闭程序制定统一的标准，推动各国监管机构建立持续性的跨境信息分享和协调机制，明确不同国家对跨境金融机构的监管责任和倒闭时的处理机制，力求保持全球金融稳定和防范系统性风险（邓大海和刘福毅，2012）。

五、金融监管的滞后性

政策当局往往不能及时出台监管政策，以致错过风险防范的时机。这主要有两方面的原因。

一方面，巴塞尔银行监管委员会、国际会计准则委员会等国际标准的制定机构所制定的资本充足率标准、资产负债管理的 VAR（风险价值模型）计量方法、会计记账的以市场公允价值定价方式等都具有一定的顺周期性。当资产价格上升时，公允价值计量使金融机构具有较高的资本充足率、更健康的资产负债表以及财富效应，促进金融机构对资产的购买，从而导致金融价格进一步上升。

金融监管不仅没有对金融周期起到制约作用，反而起到了放大的作用。当资产价格下跌时，公允价值计量的资产价格会导致资产负债表减值损失，银行坏账准备金计提增加，并且在不变的资本充足率要求下，银行必须出售资产以满足资本要求，从而进一步打压资产价格，造成恶性循环。因此，在经济繁荣时，金融监管相当于是放松的，导致系统性风险积聚；在经济衰退时，金融监管相当于是趋严的，从而加重了金融业的负担和经济下行的压力。

另一方面，全球金融监管的知识体系总是落后于金融市场创新。人们对大部分衍生产品和结构性产品的机制及其可能产生的风险仍然缺乏有效的评估框架。经济金融部分领域的信息透明度不高，特别是关于影子银行等金融创新类业务相关的具体数据难以获得。在知识和信息的约束之下，全球金融监管只能采取"发现监管问题—采取补救措施—发现新的监管问题—再采取新的补救措施"的模式。

最后需要说明的是，本章归纳的金融监管的各项挑战不是相互独立的。全球化的金融活动和国别化的金融监管之间的矛盾作为当前影响全球金融监管有效性的主要矛盾贯穿于其他所有挑战中，其他挑战上升到全球层面后均在一定程度上表现为全球化的金融活动和国别化的金融监管之间的矛盾。宏观审慎监管不仅关注特定金融活动的过度盛行，也关注系统重要性金融机构和金融监管的顺周期性。反过来，解决系统重要性金融机构和金融监管顺周期性的问题不仅需要宏观审慎监管，也需要微观层面的制度设计。而金融监管的滞后性作为一个偏理念和知识体系的问题渗透于监管改革的方方面面。

参考文献

[1] 巴曙松. 金融危机下的全球金融监管走向及展望［J］. 西南金融, 2009, 10：11-14.

[2] 曹宇. 从系统重要性视角完善差异化监管 维护金融体系稳定［N］. 中国银行保险报, 2020-05-15.

[3] 邓大海, 刘福毅. 系统重要性金融机构国际监管趋势浅谈［J］. 金融发展研究, 2012（3）.

[4] 何德旭, 钟震. 系统重要性金融机构与宏观审慎监管：国际比较及政策选择［J］. 金融评论, 2013, 05：1-11.

[5] 马素红. 全球金融监管的新方向、新影响和新格局［J］. 银行家, 2010, 08：94-97.

[6] 瞿栋. 全球金融治理体系发展动向及我国的应对策略［J］. 国外社会科学, 2014, 04：70-77.

[7] 王兆星. 国际金融监管改革的内在逻辑与理念平衡［J］. 金融监管研究, 2015, 01：1-5.

[8] 于维生, 张志远. 国际金融监管的博弈解析与中国政策选择［J］. 国际金融研究, 2013, 01：16-27.

[9] 禹钟华, 祁洞之. 对全球金融监管的逻辑分析与历史分析［J］. 国际金融研究, 2013, 03：41-48.

[10] 周小川. 金融政策对金融危机的响应——宏观审慎政策框架的形成背景、内在逻辑和主要内容［J］. 金融研究, 2011, 01：1-14.

[11] Adrian T, Ashcraft A B, Cetorelli N. *Shadow bank monitoring*［M］. September, 2013.

[12] Adrian T. *Financial stability policies for shadow banking*［J］. FRB of New York Staff Report, 2014（664）.

[13] Avgouleas E. *Governance of global financial markets: the law, the economics, the politics*［M］. Cambridge University Press, 2012.

[14] Bernanke B. *Financial reform to address systemic risk*［J］. Speech at the Council on Foreign Relations, 2009, 10.

[15] Caballero S. *Complexity and Financial Panics NBER Working Paper 14997*［J］. 2009.

[16] FSB. *Policy framework for addressing shadow banking risks in securities*

lending and repos [J]. Consultative Document, Financial Stability Board, Basel, 2013.

[17] FSB. *Shadow Banking: Strengthening Oversight and Regulation. Recommendations of the Financial Stability Board*[J]. Financial Stability Board, 2011: 1–43.

[18] Global Unions. *Statement to the London G20 Summit* [J]. Global Unions London Declaration, April, 2009.

[19] IMF. *Global Financial Stability Report. Risk Taking, Liquidity, and Shadow Banking: Curbing Excess while Promoting Growth*[J]. 2014.

第三篇

应对失衡

——全球金融治理的未来之路

本篇旨在讨论如何改进全球金融治理，从而减轻全球金融失衡的影响。自上而下的改革显然是困难的，因此本篇采取自下而上的顺序：首先，是各经济体层面可做的改进，强化货币政策的国际协调及对跨境资本流动的监测和监管；其次，是超主权层面可做的改进，完善多层次全球金融安全网及构建全球化的金融监管体系；最后，是国际货币体系的改革，我们称之为应对全球金融失衡的长期设想。

第七章
强化货币政策的国际协调机制

一、宗旨和目标

由于主要经济体货币政策对全球流动性具有主导驱动作用，全球金融治理框架必须包含系统重要性国家货币政策协调机制，其宗旨即为致力于在一定程度上防范储备货币发行国政策对金融周期的过度刺激，抑制政策的不利外溢效应，引导市场的一致预期，缓解全球金融不平衡的影响。

在实际操作中，系统重要性国家货币政策协调机制（以下简称"协调机制"）可以"一个核心和两个基本点"为具体的目标。核心目标是促使国际储备货币发行国央行与其他央行合作，共同营造恰当的全球货币环境，该货币环境应与国际社会推行的其他政策措施相配合，维护国际金融体系稳定和促进世界经济增长。其中，全球金融稳定应是首要目标，经济增长在一定程度上有利于金融稳定。当双重目标存在矛盾时，协调机制应侧重于追求首要目标。

首先，在维护国际金融稳定方面，协调机制应防范系统重要性国家由于宽松的全球货币环境而产生不可持续的系统性金融泡沫；其次，防范系统重要性国家由于全球货币环境冲击而爆发系统性的流动性危机及金融动荡；最后，当系统重要性国家爆发危机时，协调机制应保障国际流动性的可获得性，阻止危机的全球蔓延。在促进经济增长方面，协调机制应防止系统重要性国家，特别是主要新兴经济体的经济增速发生剧烈波动，甚至断崖式下降。

G4央行作为国际储备货币的提供者，对实现上述目标责无旁贷，然而根据上文的分析，21世纪以来G4央行的政策并未达到上述目标。在过去的几十年内，国家之间的政治联盟与博弈使各国的货币政策"自发"地调节，然而这种"自发"的调节表现为其他国家央行对系统重要性国家央行的妥协。例如，有学者（Rey，2013）指出，各国货币政策的独立性受到外部挑战。从过去的经验看，当系统重要性央行开始放松银根，其他央行将逐渐跟随，最终导致全球范围的货币宽松。因此，这种"自发"的调节也未能达到上述目标。

为了达到上述核心目标，协调机制还应致力于两个基本的目标。第一，帮助储备货币发行国克服国内的政治压力，即帮助这些国家实现国内目标与外部目标之间的激励兼容。全球金融治理的目标与储备货币发行国国内目标的不一致是这些国家难以控制其政策外部性的主要原因，也是货币政策协调在过去实践中的困难所在。

第二，协调机制应把外围国家的金融需求纳入全球流动性环境的决定因素。全球金融不平衡可以被理解为不同国家在国际金融活动中的地位不同，例如，新兴经济体作为跨境资本流动的目的地，既承担负的净投资收益（本国在境外的投资收益率低于境外在本国的投资收益率），又承担货币错配的风险（Eichengreen, Hausmann 和 Panizza，2003）。在金融全球化的背景下，全球金融不平衡一方面可能导致国家间的财富转移，另一方面可能加剧全球系统性风险。如果储备货币发行国在决定全球流动性的释放或收紧时考虑外围国家的金融需求，全球金融不平衡导致的负面影响将得以减轻。

二、具体建议

我们认为，协调机制的参与方应包含国际储备货币发行国G4、代表新兴经济体的中国和IMF。以下我们提出五条具体建议。其中，第一条是关于协调机制设计方面的意见，第二条至第四条是关于参与方自我完善的意见，第五条提出参与方在自我完善和参与协调过程中须重点关注的经济指标。

1. IMF（2011）认定的系统重要性五国（Systemic-5）组建货币政策的"4+1"多边协商机制。

第一，协商机制以前文提出的内容作为宗旨和目标，以避免系统重要性国家采取"共输"的对抗性政策为底线。

第二，参与方被分为两个国家团体，"4"指G4，代表国际储备货币发行国及其他发达国家，"1"指中国，代表新兴经济体。之所以这样划分，一方面是因为储备货币发行国与中国货币政策的外溢效应具有截然不同的机制；另一方面是因为储备货币发行国与新兴经济体分别是全球流动性的提供方与接受方，两者持有不同的现实立场和诉求。另外，IMF派遣工作人员参与协商机制（包括下文提到的所有"子机制"），并提供中立的专业意见。

第三，G4国家与中国在该多边协商机制中享有同等地位和均等权利，公报的发布需要五方达成共识。这是参与国的系统重要性所决定的，不平等的协商机制既不利于全球经济和金融增长，也无助于缓解全球金融不平衡的不利影响。

第四，协商机制被分为两个子机制，定期协商和不定期协商，定期协商又被分为季度协商和年度协商，具体如下。

（1）季度协商将交流各国对未来本国及国际经济走势的判断，讨论各国货币政策的立场和意图，协调下一季度的具体操作，由各国的央行副行长作为协商代表。

（2）年度协商将不仅讨论季度协商的所有内容，并且讨论各国货币政策的规则、目标和透明度，以及协调机制本身的改革等议题，由各国央行行长作为协商代表。年度协商可于每年的G20部长级会议或 IMF 理事会会议期间进行。

（3）不定期协商可由对全球金融稳定具有系统重要性影响的突发事件触发，协商代表的等级可由事态的严重程度决定。

（4）季度协商和不定期协商以加强互通互信为主要目的，参与方不达成具有法定效力的协议；通过年度协商，参与方既可达成具有法定效力的具体协议，亦可通过发表联合公报等形式达成框架性的一致意见，达成的一致意见由 IMF 和当年的 G20 临时秘书处备案，未来可在这些合作平台内继续讨论，争取达成具有法定效力的具体协议。

（5）无论是否达成一致意见，参与方都应以发布报告或召开发布会等形式对外披露信息，以引导市场的一致预期。

2. G4 央行应尽量减少政策的负外溢效应，提高政策制定的缜密性和灵活性。

G4 央行作为国际货币的提供者，既享有征收铸币税之权利，又负有提供恰当全球货币环境之义务。

第一，G4 央行应加快研究货币政策对金融周期的调节作用。货币当局不应只考虑货币政策的目标，还须考虑政策成本，慎重地分析政策对经济周期和金融周期带来的影响，在此过程中，货币当局还须将其他国内宏观政策与货币政策的叠加效果纳入考虑。

第二，G4 央行应完善对货币政策溢出效应和溢回效应的研究，在政策制定过程中对可能的溢出效应和溢回效应做系统、审慎的评估，尽量控制负外溢效应。

第三，G4 央行内部可成立专门部门，负责汇总上述研究结果，并在货币政策调整前对外发布外溢效应评估报告。该部门由一名央行副行长领导,他代表本国参与系统重要性国家货币政策的"季度协商"。此外,该部门还负责本国央行与 IMF 政策咨询机制的对接。

第四,G4 央行可考虑对所有商业银行等创造存款的机构提高法定准备金。一方面,限制国内金融机构的流动性创造能力,降低金融风险;另一方面,将部分国际流动性锁定在国内,从而在一定程度上降低利率调整的外溢效应。①

3. 中国央行应加强宏观调控和对外沟通的能力。

中国作为主要新兴经济体的代表对拉动全球经济增长具有最重要的贡献,同时,中国作为国际流动性的接受方,对维护全球金融市场稳定起着重要作用。

第一,中国央行应加快研究货币政策对国内金融周期的调节机制,在维持经济增长和控制金融市场风险之间寻找恰当的平衡。

第二,中国央行应加快研究外部金融环境的冲击对本国金融市场的内溢出效应(inward spillover),并提高应对能力。

第三,从目前看,中国货币政策的外溢效应主要是通过贸易渠道传导的,然而随着中国金融体制的完善、金融市场的成熟、资本账户的开放、汇率弹性的放大及人民币的国际化,中国的货币政策可能更多地通过汇率和金融市场风险偏好等渠道对世界其他经济体产生外溢作用。中国央行在增强国内宏观调控能力的同时,也应

---

① Martin Wolf 在"The Shifts and the Shocks: What We've Learned–and Have Still to Learn–from the Financial Crisis"中认为应该将准备金率提高到100%,而 Adair Lord Turner 则认为 Martin Wolf 的建议太过,把准备金率定为20%比较合适。

加强对其货币政策外溢效应的研究,减少政策对全球经济的不利影响。

第四,中国央行应就其立场和意图加强与外界的沟通。

4. IMF 应加强对 G4 货币政策的督导力度。

目前,IMF 通过对所有成员的政策咨询机制对各国货币政策是否有利于本国经济及金融环境、是否对其他国家产生外溢效应以及是否与本国其他金融稳定政策相配合等问题发表意见。我们对现有的做法提出两方面补充建议。

第一,IMF 应区别对待系统重要性国家与非系统重要性国家。对于前者,IMF 应对其货币政策的外溢效应和溢回效应进行特别的审慎评估;对后者,IMF 应着重分析其货币政策对维护本国金融稳定和应对外部金融环境溢出效应的作用。

第二,IMF 应对国际储备货币发行国的货币政策采取更严格的督导措施,包括以下两点。

(1)IMF 应提高与 G4 央行的磋商频率,例如调整为每季度一次。

(2)在外部金融市场脆弱的情况下,IMF 应对有利于 G4 国内金融稳定但具有重大负外部性的 G4 货币政策提出修改建议及要求。而按现行规定,如果成员方采取一项有利于本国和本地区金融稳定而不利于全球金融稳定的政策,IMF 不能要求成员改变该政策(IMF,2015)。

107

5. G4、中国和 IMF 在各自完善及相互协调中应重点关注资本流动、货币错配与风险偏好。

第一，当国际金融市场风险偏好较高时，G4 央行应重点关注本国跨境资本流出量以及国际流动性的存量，国际流动性的过度供给可能导致全球金融周期的过度繁荣；当国际风险偏好降低时，这些央行应重点关注本国跨境资本流入量，国际流动性的回流既可引发其他系统重要性国家的金融危机，也可导致危机的蔓延。

第二，当新兴市场风险偏好较高时，中国应重点关注本国及其他主要新兴市场跨境资本流入量，随着跨境资本加速流入，新兴市场风险偏好对国际风险偏好的变动越发敏感，储备货币发行国货币政策对新兴市场金融周期的溢出效应加强；当新兴市场风险偏好降低时，中国央行应重点关注本国及其他主要新兴市场的跨境资本流出量、国际净投资头寸、以外币计价的外债存量以及国际金融市场风险偏好。

第三，IMF 应随时监测 G4 及世界主要新兴市场之间的资本流量和存量、各国金融市场的风险偏好以及主要新兴经济市场的货币错配，基于这些变量识别导致全球系统性风险累积的因素、判断全球金融周期所处的阶段以及预测金融危机。

三、建立货币政策的国际协调机制的可行性

有关文献在理论上都认同开放经济背景下货币政策国际协调的做法。许多学者通过博弈论模型，证明了国家之间进行货币政

策合作远比不进行合作的收益要大（孙国峰，2017）。然而，协调机制如何尽可能地使参与方实现国内目标与国际目标的激励兼容？

对中国而言，本书的建议与其国内目标具有较高的一致性。20世纪末以来主要新兴经济体深受国际流动性波动之害。由于采取资本管制政策，中国过去受国际流动性的影响较小，但至少从目前看，中国在国际金融体系中与其他新兴经济体同处于被动地位。中国政府反复声明将坚持对外开放的政策，在这种情况下，G4货币政策通过金融市场风险感知的外溢效应将对中国金融稳定带来更大的挑战。

真实问题在于全球金融治理的目标通常与G4的国内经济目标和政治议程存在矛盾。该问题在短期内难以得到彻底解决，但本书建议至少应从三方面尽量减小上述矛盾。首先，由于协调机制将中国央行纳入并将协商频率提高为季度，G4央行能够了解新兴经济体央行应对G4货币政策外溢效应的方案，这些方案可能是竞争性的，即可能抵消G4央行预设的效果，这将削弱G4央行采取此类货币政策的动机。其次，G4货币政策对全球经济或金融市场的不利影响可通过"溢回效应"反过来威胁G4本身（IMF，2015）。本书的建议中提到G4央行及IMF加强对储备货币发行国货币政策溢回效应的研究。这些将提高G4央行对溢回效应的认知，并促使G4央行在追求国内目标时将政策外溢效应纳入考虑。最后，本书的建议中提到IMF加强对G4货币政策的督导力度，当G4央行采取具有重大负外部性的政策时将受到国际政治压力。

参考文献

[1] 孙国峰,尹航,柴航.全局最优视角下的货币政策国际协调[J].金融研究,2017,000(003):54–71.

[2] Eichengreen, Barry J, Hausmann, Panizza. *Currency mismatches, debt intolerance, and original sin*[J]. Nber Working Papers, 2003, 10036:121–170.

[3] IMF. *Implications from the Analysis of the Systemic-5*[R]. Consolidated Spillover Report, 2011 July.

[4] IMF. *Guidance Note for Surveillance under Article IV Consultation*[R]. 2015.

[5] Rey Hélène. *Dilemma not Trilemma: The Global Financial Cycle and Monetary Policy Independence*[J]. Proceedings, Jackson Hole, 2013.

第八章

对跨境资本流动实施有效监测和监管

在研究了2007—2009年全球金融危机前的国际资本流动后,有学者(McGuire和von Peter,2012)发现,从传统监测指标——跨境资本净流动来观测,当时欧洲诸国风平浪静;不过,事实上欧洲通过国际金融中心在美国融资获得大量美元,这些资本又从欧洲流入美国,尤其流入了美国的房地产市场。如此一来,当美国房地产市场轰然倒塌时,欧洲的金融系统自然受到重挫。由此可见,为了预警金融系统的不稳定性,构建一套更有效监测和监管跨境资本流动的体系至关重要。

一、监测跨境资本流动的新指标

吸取了2008年全球金融危机的教训,学术界纷纷意识到传统以跨境资本净流动为核心指标的监测框架有失偏颇,同时存在一些统计和监测资本流动上的盲区,因此,学术界和监管者近年来不断地提出了一些监测跨境资本流动的新指标。

1. 重视跨境资本流动总量指标

2008年全球金融危机后,对跨境资本流动的关注度持续走高。

| 全球金融失衡与治理 |

我们对世界各主要国家跨境资本流动占 GDP 比例的历史数据进行梳理和归纳，发现跨境资本流动总量[①] GDP 的比例超过 50% 时发生金融危机的可能性就会大幅增加。1997 年亚洲金融危机以前，英国跨境资本流动总量连续两年突破 50%，2008 年全球金融危机以前，英法跨境资本流动总量都突破了 50%（见图 8.1）。当然，这只是一个粗略的警戒线，每个国家的具体情况都会有所不同。如果从全球角度进行考察，跨境资本流动总量占全球 GDP 的比重超过 20% 可能是值得关注的（见图 8.2）。

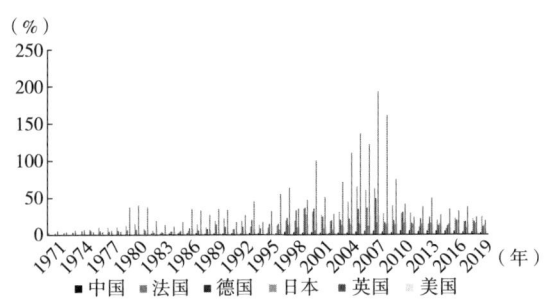

图 8.1　主要国家（地区）跨境资本流动总量占 GDP 的比例
资料来源：世界银行，IMF，上海发展研究基金会。

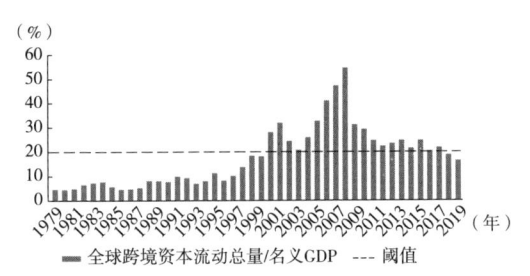

图 8.2　1979—2019 年全球跨境资本流动总量占全球名义 GDP 比重
资料来源：世界银行，IMF，上海发展研究基金会。

---

① 文中跨境资本流动总量的统计口径是直接投资、证券投资、金融衍生品、其他投资的总流入量与总流出量之和。

2. 刻画跨境资本不稳定性的 QMC 指标

2008 年全球金融危机后，对跨境资本流动的关注度持续走高。但是，从统计上看，目前衡量跨境资本的指标是否够好了呢？是否已经清晰地刻画了跨境资本的流动性了呢？恐怕不能。跨境资本流动主要包括跨境 FDI、证券投资和其他投资三个组成部分。其中，FDI 与部分长期跨境信贷不易变现，不会也无法因突发事件冲击而迅速逃离。相反，证券投资、金融衍生品的投资和短期跨境信贷流动性很强，能够非常快速地在国际市场上逐利而动，对全球金融稳定的影响也更加显著。那么有没有可能设立一个新的指标，集中刻画不稳定性的跨境资本流动性呢？学界的思路是试图建立一个能够衡量短期跨境资本流动的指标，从机理上看，它是在剔除了长期跨境资本流动后的流动性。

（1）文献综述

梳理国际和国内的文献后，我们发现国际上有三种比较成熟的方法来衡量这类不稳定性强的跨境资本的净流动，即直接法、间接法与混合法。尽管这些方法起初是用来衡量跨境资本的净流动，即净流出规模或净流入规模，因此具有方向性，而如今我们想要衡量的是跨境资本流动总规模，因此无法直接采用这些公式，不过我们只需要在这三类方法的基础上将流入规模和流出规模进行加总，即可衡量出短期跨境资本的总流动规模。

具体而言，第一种方法是直接法。即通过国际收支平衡表中的几个项目直接相加来估算短期国际资本流动规模的方法。这种思路最早由卡廷顿（Cuddington）在 1986 年提出，其计算公式为"短期国际资本净流入＝误差与遗漏项净流入＋私人非银行部门短期资本净流入"。根据国际货币基金组织、欧洲中央银行、美联储和日本央行的工作论文,他们基本也都采用直接法。张谊浩、裴平、方先明(2007)就曾借鉴这个思路来衡量中国的"热钱"流入,具体公式为"投资收益项净流入＋证券投资项净流入＋其他投资中短期投资项净流入＋误差与遗漏项净流入"。

第二种是间接法,又称余额法(Residual Method)。这种思路是使用外汇储备净变动减去国际收支表中衡量长期跨境资本净流动的项目。这种方法适用于固定汇率制的国家,减去的几个项目中都不含有短期跨境资本净流动,而除这几个项目之外的其他项目均为短期跨境资本净流动。这种方法被中国的学者采用,王世华、何帆(2007),陈学彬、余辰俊、孙婧芳(2007),张斌(2010)均采用这类思路。具体而言,王世华、何帆(2007)使用的公式为"外汇储备增量－货物贸易顺差－FDI净流入";陈学彬、余辰俊、孙婧芳(2007)使用的公式为"外汇储备增量－经常项目顺差－FDI净流入";张斌(2010)使用的公式为"货币当局外汇资产增加额－货物贸易顺差－FDI净流入"。考虑到目前中国的汇率更灵活,为有管理的浮动汇率制度,2007—2010年学者采取的公式在如今是否适用就值得商榷了。

第三种是混合法,就是直接法与间接法的结合。该方法由杜利提出,计算公式为"短期国际资本净流入＝误差与遗漏项净流入－本国居民除对外直接投资之外的对外债权增量－由世界债务表(World Debt Table)中获得的债务增量与该国国际收支平衡表中外债增量之差＋产生国际平均收益的对外债权额"（Dooley，1986）。李扬（1998）和王信、林艳红（2005）就根据这类思路来衡量跨境资本净流动。

以上三种方法的统计口径不同，各有千秋。直接法具有简单和可比性强的优点：一是公式相对简单；二是数据来源是国际收支平衡表，由于这套统计方法有国际统一标准，所以直接法估算的跨境资本流动规模的可比性更强。然而，直接法计算得到的短期国际资本流动规模较小，可能会低估流动规模。间接法比较适用于发展中国家，特别是汇率制度不是清洁浮动的国家，可以更好地捕捉那些从非正常口径流动的短期跨境资本流动。但这类方法可能会高估跨境资本流动的规模，因为有一些跨境资本流动可能是由统计误差造成的而非真实的流动。混合法是中庸之道，但存在复杂和可比性差的缺点。

（2）构建QMC指标

鉴于我们研究的目的是构建一个能真正刻画跨境资本流动性且有一定预警作用的指标，我们选择采用直接法的思路，试图用全球视野来更好地捕捉那些风险性更高的短期跨境资本流动。在参考文献的基础上，我们经过分析和多次测算，建立了一个能够衡量具有顺周期和高流动性属性的指标，可称之为快速流动资本（QMC），我们认为这个指标能够很好地刻画跨境流动资本当中最值得当局关注的那部分资本。

我们在考虑选取新指标时，主要基于几点考虑：首先，FDI稳定性较高，对经济增长有更显著的积极影响，因此剔除了FDI；其次，证券投资（股票、债券）[①]由于其投资特性，由私人部门持有的无论是股票还是债券，其变现能力或流动性其实是由产品的投资收益率和投资主体的风险偏好共同决定的，有强烈的顺周期性，即使是期限较长的债券也可能随时变现，而只有中央银行、货币当局持有的证券投资，一般才具有较好的稳定性和逆周期性，因此新指标也剔除了后者；最后，其他投资（主要是银行贷款）中，私人部门一年期以上的长期其他投资稳定性较好，而中央银行和货币当局持有的其他投资也往往具有较好的稳定性和逆周期性，因此这两部分也不包含在新指标中。

具体而言，在跨境资本总流动的基础上剔除稳定性强且有逆周期性的资本，剔除了包括对外直接投资、中央银行和货币当局的证券投资和其他投资、私人部门的长期其他投资[②]，然后再加上具有高流动性和顺周期属性的错误和遗漏项。

第一，我们观测了全球 QMC 占全球名义 GDP 的比重这个用 GDP 标准化后的总量指标。从图 8.3 来看，根据该指标的走势主要可分为五段阶段，第一个时期是 1996—2002 年，这是亚洲金融危机和互联网泡沫破裂的时期，金融市场动荡不堪；第二个时期是 2008 年全球金融危机前夕，2003—2007 年 QMC 占 GDP 比重的均值为 17.5%；第三个时期是危机后的 2009—2013 年，其间 QMC 占 GDP 的比重的均值为 14.4%，这段时间新兴市场经济体普遍面临着"热钱"流入的困扰；第四个时期是 2014—2016 年，其间

[①] 证券投资包含了金融衍生品。

[②] 这部分主要是大于一年的长期信贷。

QMC 占 GDP 的比重的均值为 12%，这段时间美联储开始货币政策正常化，此时新兴市场经济体面临着"热钱"流出的压力；第五个时期是 2017—2019 年，QMC 占 GDP 的比重攀升至 11.5%，那段时期美联储开始加快货币政策正常化的节奏，这改变了资产配置，间接使跨境资本加速流动。通过观察可以发现，当下全球具有高流动性和顺周期属性的 QMC 占 GDP 的比重依然较高，鉴于 2020 年新冠病毒肺炎疫情给实体经济带来巨大的冲击，而美联储等全球金融核心国家的央行不得不采用宽松的货币政策来支援实体经济，这也累积了金融风险，因此从总量指标分析，我们建议应当高度重视全球金融系统性风险再次爆发的可能性。

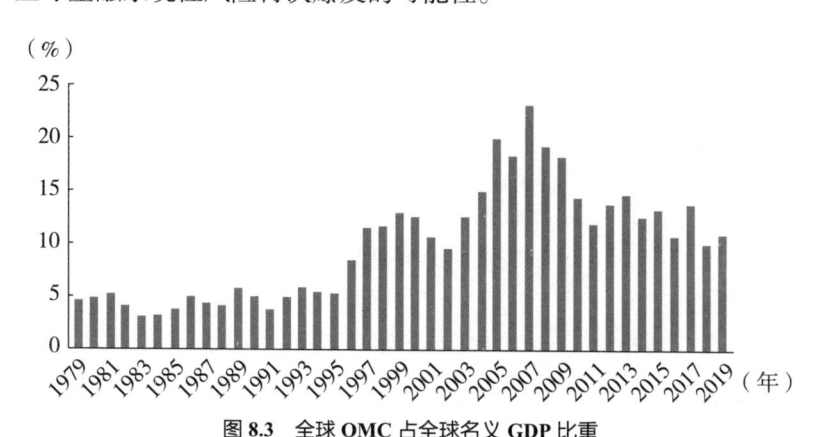

图 8.3 全球 QMC 占全球名义 GDP 比重

资料来源：世界银行，IMF，上海发展研究基金会。

第二，我们进而考察了指标 ΔQMC/GDP，采用接收者操作特征曲线下的面积（Area Under the Receiver Operating Characteristic，AUROC）模型来验证预警信号的有效性，发现该指标是一个较理想的预警指标，并且通过数据分布确立了 2.7% 的阈值（该阈值为均值和一个标准差），我们可以看到有三个时期 ΔQMC/GDP 大于阈值，第一个时期是1996—1997年，1997年发生了亚洲金融危机，而ΔQMC/GDP在1996年就提前发出了信号；第二个时期是2008年全球金融危机前的2003—2005年、2007年；第三个时期是2017年，那时美联储的货币政策开始转向，作为有全球影响力的央行，美联储货币政策变化带来了全球跨境资本流动的加剧。因此，当ΔQMC/GDP大于2.7%，应该要对全球金融失衡给予必要的关注，对可能发生的金融危机给予必要的警惕（见图8.4）。

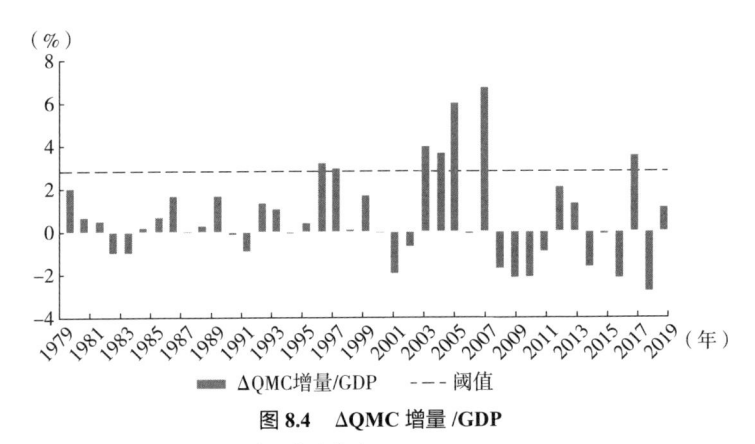

图 8.4　ΔQMC 增量/GDP

资料来源：IMF，上海发展研究基金会。

综上，新指标QMC的建立并非对现有指标的否定，而是一种有益的补充，有助于我们更好地从金融稳定的视角对跨境资本流动进行分析和管理。

二、对跨境资本流动的监管建议

全球金融失衡最主要的外在表现就是跨境资本流动的过度增长和大幅波动，这种表现在危机前后尤为突出。因此，对跨境资本流动的有效监管是应对全球金融失衡不可或缺的政策选择。

1. 跨境资本流动的变化和原因

近些年来，跨境资本流动在规模、结构和地域差异上主要呈现以下特点。

第一，从跨境资本流动规模看，2008年全球金融危机前跨境资本流动总量持续增加，危机后迅速收缩，之后由于全球经济普遍复苏乏力，跨境资本流动趋势也进入较长的平稳期。

20世纪80年代以来，美国和英国等发达国家就率先采取放松金融管制的政策，随后几年里发展中国家也陆续采取了同样的政策，全球范围内掀起了一场金融自由化的浪潮，这就为金融全球化的发展创造了一个巨大的空间。金融全球化带来的重要表现之一，就是跨境资本流动的大规模的持续增长（如图8.2所示）。到2008年全球金融危机爆发前，全球跨境资本流动总量达到了最高峰，超过30万亿美元，占当时全球名义GDP的比重高达53.3%。全球金融危机的爆发和蔓延，对全球经济带来了重创，跨境资本流动的总量在危机后的一年中也大幅缩减，到2008年已跌至全球名义GDP的30.4%。从2012—2019年数据看，虽然金融危机已过去多年，但全球经济仍陷于相对低迷的状态，跨境资本流动总量不管是规模还是波动幅度，与金融危机前信贷繁荣时期相比，都处于相对平稳的状态。

第二，当前的跨境资本流动，包括外商直接投资、证券投资和其他投资，在2008年全球金融危机前都稳步增长，危机发生后都急速下降，但不同资本类型对于危机的敏感程度或反应程度表现出不同特点。

从全球各分项跨境资本流动（如图 8.5 所示）来观测，首先，FDI 总量的变化是三类资本中最稳定的。从全球 FDI 流动总量占全球名义 GDP 的比重看，2005—2007 年 FDI 占比不断攀升，2008 年全球金融危机发生后急剧下跌，但相对其他类别的跨境资本流动，全球 FDI 流动总量的波动性最小。其次，其他投资的变化是最敏感的，因此波动率高。2005—2007 年，三类资本都呈现不同幅度的快速增长，但其他投资的增长是最快的，2007 年到达峰值时，占全球名义 GDP 的比重达到了 24.2%，而当时另两类资本占全球名义 GDP 的比重相对较小；同时其他投资对于危机的反应也是最敏感的，从危机前峰值迅速下降至 2012 年的 7.0%，2012—2019 年的平均水平为 5.8%，远低于危机前的水平。最后，证券投资的变化敏感程度介于前两类资本之间。证券投资的敏感程度居中，但有一点或许值得我们注意，即相较于其他两类资本规模在 2007 年到达峰值，证券投资的峰值出现得更早（2006 年出现峰值），2006—2007 年证券投资的规模就开始下降，这种提早出现的趋势能否作为危机预警，恐怕还不能被简单证实。与此同时，全球证券投资占名义 GDP 比重，在 2014 年和 2017 年超过全球 FDI 和其他投资占全球名义 GDP 的比重，这说明危机后全球证券投资活跃度依然较高。因此，证券投资指标的领先性和活跃性值得被关注。

第三，从跨境资本流动的分布和流动方向来看，也存在着明显的地区差异。从跨境资本流动总量的结构看（见图 8.6），发达经济体的规模明显大于新兴经济体和发展中国家的规模，但 2008 年全球金融危机后受到发达经济体量化宽松货币政策的影响，大量国际资本流入新兴经济体，使得新兴经济体和发展中国家面临着跨境资本流动规模大幅上升的状况。

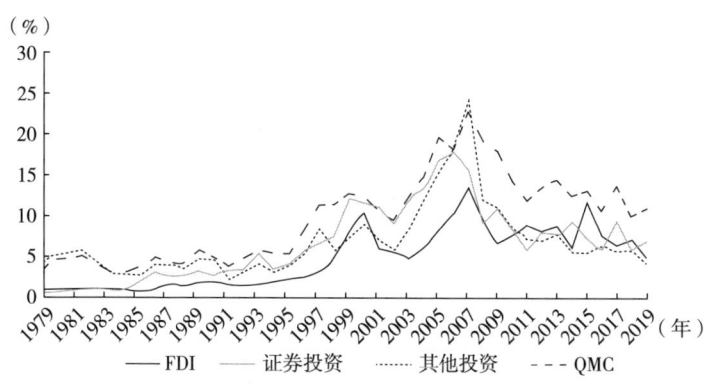

图 8.5　1979—2019 年跨境资本流动结构，全球各分项跨境资本流动总量占全球名义 GDP 比重

资料来源：IMF，上海发展研究基金会。

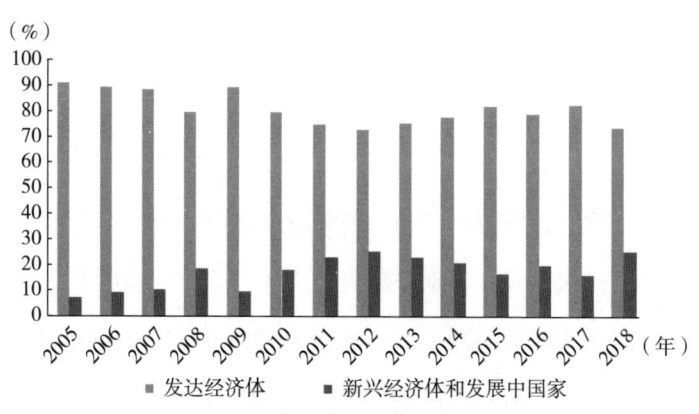

图 8.6　全球跨境资本总量的区域分布

资料来源：IMF，上海发展研究基金会。

全球金融危机前后跨境资本流动呈现出来的各种变化，主要有两方面的原因。一是周期性原因，二是结构性原因。周期性原因主要是指全球范围内，特别是储备货币发行国金融政策变化所引起的

跨境资本流动。而结构性原因主要是指市场参与者对各经济体经济增长的不同预期，以及各国经济政策的变化。两种因素共同影响着跨境资本流动的规模和频率。

2. 跨境资本流动的影响

国际资本流入对接受国而言固然具有有利的方面（Lane，2012），特别对欠发达国家来说，它能够提高资本的可获得性，带来有效率的资源配置，进而提高投资率、生产率以及经济增长速度。特别是FDI等长期投资的稳定性，对于接受国的经济发展具有积极影响，同时FDI还有助于新兴经济体引入先进技术与管理手段，总体而言，包括中国在内的新兴经济体是跨境资本流动的受益者。

同时，跨境资本流动具有逐利性、顺周期和易超调等特点，跨境资本流动的大幅增加或减少会放大经济周期，增加金融体系的脆弱性和宏观经济不稳定性（Forbes，2011）。此外，跨境资本流动所引发的"羊群效应"，也会助长投机行为。

从跨境资本流动的变动趋势看，2008年全球金融危机后，在全球范围内尽管跨境资本流动的规模有所下降，但跨境资本流动表现出明显的区域差异，特别是新兴经济体面临的波动更大，也更容易受到跨境资本流动的冲击。一方面是受到主要发达国家货币政策外溢效应的影响，另一方面是新兴经济体本身国内普遍缺乏灵活的汇率制度和相对完善的金融体系，大规模的"大进大出"势必会增加其金融风险，影响金融稳定。具体来说，当资本大量流入时，压缩了新兴经济体货币政策的可操作空间，推升了资产价格。而当资金大量流出时，可能会导致货币贬值，金融市场剧烈动荡，金融体系脆弱性增加，进而引发系统性金融风险。2015年，在美联储加息预期的影响下，新兴市场再次遭受了巨大的资本外流压力，新兴市场货币大幅贬值，包括马来西亚、印度尼西亚、俄罗斯以及巴西等多个国家的货币对美元汇率都曾暴跌至历史最低点，一度拉响汇率危机的"警报"，市场出现了关于亚洲、拉美金融危机的再度担忧，跨境资本流动波动对新兴经济体的冲击可见一斑。此外，还有一点也特别值得注意，就是近些年随着新兴经济体在全球经济中的地位不断攀升，溢出效应的来源已不仅限于发达经济体，对发达经济体溢出效应的反馈，即溢回效应也越发显著，从而也增加了跨境资本流动的动态性与复杂性。

因此，考虑到跨境资本流动对经济增长和金融稳定所带来的正反两方面的影响，结合跨境资本流动近年来的变化特点，我们既要肯定跨境资本流动中以FDI为代表的长期资本的积极作用，同时也要对波动性较高的短期资本可能带来的冲击加以防范。

3. 对跨境资本流动有效监管的建议

有效落实跨境资本流动的监督和管理，是应对全球金融失衡的一项重要政策选择。对此，我们提出如下五点建议。

第一，为了更有针对性地对跨境资本流动进行有效的监管，应该重点关注QMC。具体来说，我们希望国际金融学术研究领域能够对此达成一定共识，也呼吁各国货币当局可以考虑将QMC这一新指标纳入衡量跨境资本流动的指标体系，同时还要进一步加强相关统计数据的搜集和公开工作，以便更好地开展实证研究。

第二，要注意资本账户适度开放和发挥汇率调节机制的作用。

历次金融危机证实，跨境资本流动的顺周期性决定了它有如下的危机传导路径，即伴随着一国资本账户的开放，吸引跨境资本大规模进入，导致该国经济过热及资产价格的泡沫化。而在泡沫破裂之后，跨境资本突然逆转，从该国大规模流出，进而引发金融危机。对此，我们认为，资本账户开放是实现资本跨境流动、提高资金使用效率的有效措施，从长期看是必然的趋势，但目前对于资本账户如何开放及其对经济的影响仍没有定论，因此需要结合各国国内金融市场发展和成熟程度加以区别对待。总体来说，对于资本账户已经开放的国家而言，应该重视区分不同跨境资本类型，特别是对大规模 QMC 的进出应采取相应的宏观审慎管理措施；对于资本账户部分开放或尚未开放的国家而言，应该采取积极谨慎的态度，结合各自金融市场完善程度，按节奏适度开放。

同时，关于汇率制度的争论也一直存在，从"三元悖论"到"二元悖论"，甚至争论随着金融危机的变化在不断演进，比如1997年亚洲金融危机后，出现了汇率制度的中间点与角点之争，其中易纲、汤弦（2001）提出了汇率制度可以选择中间解的观点。2008年全球金融危机后，法国经济学家雷伊提出著名的"两难选择"，她认为浮动汇率制的作用是有限的，如果一个国家开放了资本账户，哪怕实现浮动汇率制，也只能保证短期利率的独立性，而长期利率，依然会跟着美国长期利率变化而联动（Rey，2013）。但是其他学者在最近的研究中，通过 40 个发展中国家 1986—2013 年的数据，证明了浮动汇率制度对于抵御金融脆弱性的积极作用。他们的研究认为，相对于浮动汇率制，固定汇率制度更容易引起国内信贷膨胀和资产价格提升，增加银行杠杆从而提升金融脆弱性，放大金融风险（Obstfeld 等，2017），而浮动汇率制度对于抵御金融脆弱性具有一定积极作用。对此，我们认为，在一般情况下浮动汇率仍是有效的，会起到熨平跨境资本波动性的作用，但在重大的金融危机或者存在大规模资本流动波动的情况下，汇率的作用也会被大大削弱。因此，对于跨境资本流动的有效监管，还需要辅以其他手段。

第三，实施恰当的跨境资本流动的宏观审慎管理。除了汇率利率等常规宏观调节工具外，面对短期流动性强的资本流动，各国政策当局还可以实施恰当的宏观审慎管理措施，对金融体系的顺周期波动和跨市场风险传播进行宏观、逆周期的调节，防范系统性风险。目前，国际上的审慎管理手段包括托宾税、无息存款准备金、对房地产投资实行较高的首付比例和提高交易税税率、对短期外债实行与资本金挂钩的比例管理等。近些年中国也在积极探索实施系统性的宏观审慎管理，包括针对市场主体顺周期加杠杆行为的宏观审慎管理，也包括针对市场主体过度投机行为的宏观审慎管理，并取得了较好效果。

第四，加强国际协调和合作。对于跨境资本流动的有效管理，还需要国际协调和合作。具体来说，一方面，各国应该积极致力于建立和完善包括 G20、IMF、FSB 等在内的各种国际金融协调机制，加强合作。发挥它们在流动性监测、预警和管理方面的优势，构建合理有效的资本流动管理框架，降低全球金融风险的发生。另外一个重要的内容就是，强化多边和双边流动性救助机制，更好发挥多层次的全球金融安全网在提供流动性援助方面的重要作用。特别是对于更容易受到流动性冲击的新兴经济体而言，在面临资本大规模外逃，处于流动性危机时，双边和多边流动性救助的重要性尤为突出（关于全球金融安全网的内容将在本书下一章中重点展开）。

第五，建议通过国际组织提高监测资本流动的数据质量。2016年国际清算银行提出过G20数据缺口倡议（G20 Data Gaps Initiatives），其中就指出了两大问题，一是以居民而非国籍为统计口径带来的缺陷；二是非上市公司在国际资本市场融资数据的缺失。

参考文献

[1] 陈学彬，余辰俊，孙婧芳.中国国际资本流入的影响因素实证分析[J].国际金融研究，2007（12）：53-60.

[2] 李扬.中国经济对外开放过程中的资金流动[J].经济研究，1998，2：14-24.

[3] 王世华，何帆.中国的短期国际资本流动：现状，流动途径和影响因素[J].世界经济，2007，30（7）：12-19.

[4] 王信，林艳红.90年代以来我国短期资本流动的变化[J].国际金融研究，2005（12）：62-67.

[5] 易纲，汤弦.汇率制度的"角点解假设"的一个理论基础[J].金融研究，2001（8）：5-17.

[6] 张斌.人民币升值预期短期资本流动及其影响[J].国际金融，2010（4）：55-60.

[7] 张谊浩，裴平，方先明.中国的短期国际资本流入及其动机——基于利率，汇率和价格三重套利模型的实证研究[J].国际金融研究，2007（9）：41-52.

[8] Cuddington J T. *Capital flight: Estimates, issues, and explanations*[M]. Princeton, NJ: International Finance Section, Department of Economics, Princeton University, 1986.

[9] Dooley M P. *Country-specific risk premiums, capital flight and net investment income payments in selected developing countries*[J]. International Monetary

Fund Departmental Memorandum, 1986, 17.

[10] Forbes K J, Warnock F E. *Capital flow waves: Surges, stops, flight*[R]. and Retrenchment ‖ mimeo, MIT and Darden, 2011.

[11] Heath, R., & Bese Goksu, E.(2016). *G-20 Data Gaps Initiative II: Meeting the Policy Challenge.*

[12] Hélène R. *Dilemma not Trilemma: The Global Financial Cycle and Monetary Policy Independence*[J]. Proceedings, Jackson Hole, 2013.

[13] Laeven L, Valencia F. *Systemic banking crises database: An update*[J]. 2012.

[14] Lane, P. R.(2012). *The European sovereign debt crisis*[J]. Journal of Economic Perspectives, 26(3), 49–68.

[15] McGuire P, von Peter G. *The dollar shortage in global banking and the international policy response*[J]. International Finance, 2012, 15(2): 155–178.

[16] Obstfeld M, Taylor A M. *International Monetary Relations: Taking finance seriously*[J]. Journal of Economic Perspectives, 2017, 31(3): 3–28.

第九章

完善多层次全球金融安全网

一、当前背景下完善全球金融安全网的重要性

随着全球经济和金融融合程度的加深，资本跨境流动规模的增大，全球金融危机的风险也不断增加，这也正好符合第一次（1880—1913年）和第二次（1970年至今）金融全球化的情境（Obstfeld和Taylor，2004）。2008全球金融危机后，为了应对金融危机，减少因资本非正常大幅流动造成的经济混乱、过度储备积累的需求，建设有效且充足的全球金融安全网络，2010年G20首尔峰会首次提出"建立更为灵活的、多层次的、适用于不同类型的全球金融安全网（Global Financial Safety Net，GFSN）"。2011年IMF进一步将全球金融安全网定义为一个多层次的网，"包括自我保险（外汇储备资产）、双边机制（如央行货币互换，Bilateral Swap Arrangements，BSAs）、区域机制（区域融资安排，Regional Financing Arrangements，RFAs）、IMF构建的多边融资机制构成的一系列危机防范和应对措施"。

正是这个全球金融安全网在新冠肺炎疫情带来流动性冲击时就

对稳定全球金融市场起到了一定的作用。2020年的上半年，新冠肺炎疫情肆虐全球，根据美国约翰斯·霍普金斯大学的数据，截至2020年8月4日，全球累计约有1 854万确诊病例，死亡病例数高达70万人。为了应对新冠肺炎疫情，政府不得不通过限制经济活动来减缓疫情的蔓延速度，由此对经济带来了巨大的负面冲击，使全球陷入前所未有的危机。根据IMF在2020年6月发布的《世界经济展望》（IMF，2020），IMF将2020年全球经济实际GDP同比增速的预测值进一步下调至–4.9%，其中预计发达经济体实际GDP同比收缩8%，新兴市场和发展中国家预计同比收缩3%。实体经济的羸弱不可避免地会将负面情绪传导至金融部门。3月中旬，美国等发达经济体股市出现了暴跌，引发了市场恐慌，并外溢到了新兴市场和发展中国家。值得庆幸的是，3月23日美联储迅速行动，宣布推出2.3万亿美元的危机时期信贷便利；同时，IMF设立了新的短期流动性额度来帮助成员国应对短期的流动性冲击，多国的中央银行之间进行了货币互换。鉴于公共部门的迅速干预，3月底市场的恐慌情绪得到平复。

这正说明全球金融安全网在当前的背景下至关重要，因为安全网可以促进国际宏观经济政策协调，并为成员抗击疫情提供有力支持，促进全球经济增长和金融市场稳定。鉴于全球金融安全网的重要性，本章将梳理其发展现状，分析面临的挑战并提出相应的政策建议。

二、全球金融安全网发展现状和面临的挑战

根据 IMF 的定义，全球金融安全网主要包括外汇储备、央行货币互换、区域融资安排和 IMF 构建的多边融资机制，以下将分别论述各构成部分的现状。

1. 外汇储备的自我保险

各国的外汇储备是应对全球流动性风险的第一道防线。"二战"后，特别是 1997 年亚洲金融危机以来，外汇储备的绝对规模及其占全球 GDP 的比例均出现了显著增长。全球官方外汇储备的规模从 1995 年的 1.4 万亿美元增长到 2019 年的 11.8 万亿美元，同期，占全球实际 GDP 的比例由 5% 增长到约 14%。一个重要原因就是，亚洲金融危机后，发展中国家为了降低对 IMF 的潜在依赖，选择通过大规模储备积累进行自我保险，以预防潜在的流动性风险（Aizenman，Jinjarak 等，2011），特别是 2000 年后亚洲外汇积累每年保持 20% 左右的增长，到 2008 年已达到 3.371 万亿美元。同时，发展中国家的储备在全球外汇储备中的占比也大幅提高，由 1990 年的 28%，上升到 2008 年的 65%。

在过去的金融危机中，外汇储备在提供流动性、缓解外汇市场压力方面确实发挥了很大作用，更重要的是，与其他流动性救助机制的不确定性和条件性相比，外汇储备的使用更加便捷（Aizenman，Jinjarak 等，2011）。但过多的外汇储备积累势必会产生巨大成本，包括基础货币扩张带来的通胀压力，对冲债券与储备资产的利差成本，激励公众持有大规模对冲债券所需的潜在高

利率，因此也备受争议（Cheung 等，2009）。而且，尽管新兴市场国家积累外汇储备的目的是应对金融危机冲击，然而当金融危机来临时，很多国家却不愿意动用外汇储备来应对外部冲击（张明，2012）。例如，2008年全球金融危机爆发后，只有一半的新兴市场国家通过使用外汇储备来干预市场（且使用的外汇储备不到存量的三分之一），而另一半新兴市场国家直接用汇率贬值来应对冲击。新兴市场国家不愿意动用外汇储备的原因可能在于，一国外汇储备存量的显著下降可能被金融市场解读为该国的金融脆弱性上升（Aizenman，2010）。

2. 央行货币互换

作为反应迅速且高效的货币政策工具，央行货币互换在2008年全球金融危机后迅速发展，涵盖了主要发达国家和新兴经济体，根据威金斯搭建的数据库，截至2020年7月底，全球货币互换的总规模已经达到1.58万亿美元，远超IMF规模为0.84万亿美元的可借资金总额（Wiggins，2020）。

其中，以美联储为核心的货币互换规模和期限都超过了历史上的货币互换（徐明棋，2015）。2013年10月，美联储与五大关键央行，即欧洲中央银行、英格兰银行、日本央行、加拿大央行和瑞士央行签署了无限额的永久性货币互换，又称"C6互换"，这个C6互换构建了永久性的多边货币互换协议，以替代临时性的双边互换协议。在这种多边货币互换协议下，如果两国央行认为有必要，可以在其辖区内提供五种货币中任意一种货币的流动性。

正是美联储与这五大央行签署的无限额的永久性货币互换协

议，在2020年3月中旬疫情引发全球金融市场动荡时，迅速地起到了稳定市场的作用，有效地防止了全球融资市场的流动性紧缺压力传导至企业和居民部门。2020年3月15日，美联储与五大央行联合声明：一是降低25个基点的货币互换利率；二是在期限为7天的货币互换基础上，提供为期84天的货币互换。3月19日，美联储和另外九个国家的央行达成了不同金额的临时性货币互换协议，其中包括了巴西、墨西哥、新加坡和韩国这四个国家（见表9.1）。3月20日，美联储和五大关键央行发布公告称，从3月23日起，将把期限为7天的货币互换的操作频率从周变为日，以更迅速地应对市场波动。对此，有的观点认为疫情期间美联储与这九国央行重启了大规模的货币互换，却没有中国央行参与，就涉及的币种而言，也将人民币排除在外，这或明或暗地显示出"去中国化"的迹象（李扬，2020）。然而，我们认为需要用平常心看待美联储货币互换中没有包含中国的情况，因为美联储此次操作的逻辑是用互换缓解市场的"美元荒"，从而起到稳定全球金融体系的作用，而鉴于中国境内不缺美元，互换计划未包含中国对中国市场和人民币并无冲击。从数据看，随着市场情绪的平缓，美联储货币互换规模从2020年5月1日的峰值4 461.9亿美元下降到2020年7月30日的1 071.98亿美元（见图9.1），这也从侧面说明了货币互换的临时性，因此不会动摇IMF作为全球金融安全网的核心地位。当然不可否认的是，美联储通过互换渠道为与之有货币互换协议的国家提供了额外的流动性支持，对帮助全球金融市场应对流动性冲击起到了正面的作用。

表 9.1　2020 年 3 月美联储货币互换协议的签约国和最大可用限额

最大可用限额	国家/地区
无限额	加拿大、英国、欧盟、日本、瑞士
600 亿美元	澳大利亚、巴西、韩国、墨西哥、新加坡、瑞典
300 亿美元	丹麦、挪威、新西兰

资料来源：美国纽约联邦储备银行的网站。

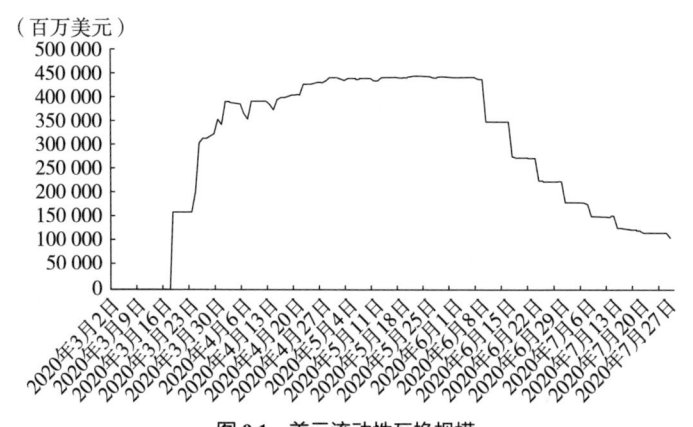

图 9.1　美元流动性互换规模

资料来源：美联储，上海发展研究基金会整理。

但是，以美联储为中心的货币互换的开放度、透明度和公平性，也受到了来自新兴经济体和发展中国家的质疑和批评，因为不是所有国家都能指望在危机期间与美联储签署双边美元互换，新兴市场国家很难参与其中。况且，以这种迂回的方式获得美元流动性不仅会增加成本，而且会降低应对危机的反应速度。

2008 年以来，新兴经济体由于资本流动的波动性，面临持续加大的金融风险，希望借助与美联储的货币互换保障其金融安全，但实际上只有韩国、新加坡、巴西和墨西哥少数几个经济体与美联储建立起了双边货币互换协定。有学者（Aizenman, Pasricha 等，

2010）的实证研究也表明，美联储在选择与新兴市场经济体签署双边美元互换时，会优先考虑美国银行风险暴露较高的经济体。同时，国际金融中心所在国签署双边美元互换的概率较高。

除了以美联储为核心的货币互换网络外，也催生了其他的货币互换，其中包括中国央行与其他国家央行的货币互换（Yu，2014）。根据中国人民银行网站披露的信息，截至2020年一季度末，中国央行已与39个国家和地区（仍然有效的28个）签署了双边本币互换协议，协议总规模为3.4万亿元人民币。

由于人民币目前在资本项目下尚不能完全自由兑换，且中国央行在与外国央行签署双边本币互换时并未承诺在必要时用美元回购人民币，因此双边本币互换的主要作用在于有效地规避汇率风险、降低汇兑费用，促进互换协议签署国之间的贸易与投资。

但有两个案例值得我们研究，一是中国央行与阿根廷央行的货币互换[①]。2014年10月30日，阿根廷央行利用中阿双边互换协议，申请首批总额等同于8.14亿美元的人民币互换额度，并于2015年12月与中国央行达成协议，将把约31亿美元的人民币外汇储备换成美元，以补充流动性。二是中国央行和巴基斯坦央行的货币互换。2013年当巴基斯坦面临严峻的流动性危机时，巴基斯坦利用已有的中巴双边本币互换协议，动用了总共12亿美元的资金，不仅防止了一些潜在国际收支平衡危机问题，也稳定了汇率水平，同

---

① 中国央行和阿根廷央行在2009年首次签署了一项三年期的700亿元等值人民币的货币互换协议。2014年7月两国央行再签一份货币互换协议，规模为700亿元（或900亿阿根廷比索），相当于110亿美元，协议期限三年，年息6%~7%。

时在此基础上，进一步通过签署 LOI（Letter of Intent，贷款意向书）获得了 67 亿美元的 IMF 贷款协议。

以上两个案例证明虽然并非储备货币，但以人民币为中心的货币互换对于维持金融市场稳定也具有一定作用，这对于发挥央行货币互换在构建全球金融安全网中的基础性作用，具有重要的参考价值。

除了上述两个中心的货币互换网络之外，到目前为止，还有很多其他国家央行也签署了货币互换协议（见图 9.2），包括韩国央行和澳大利亚央行，日本央行和印度央行，日本央行和欧洲央行等。

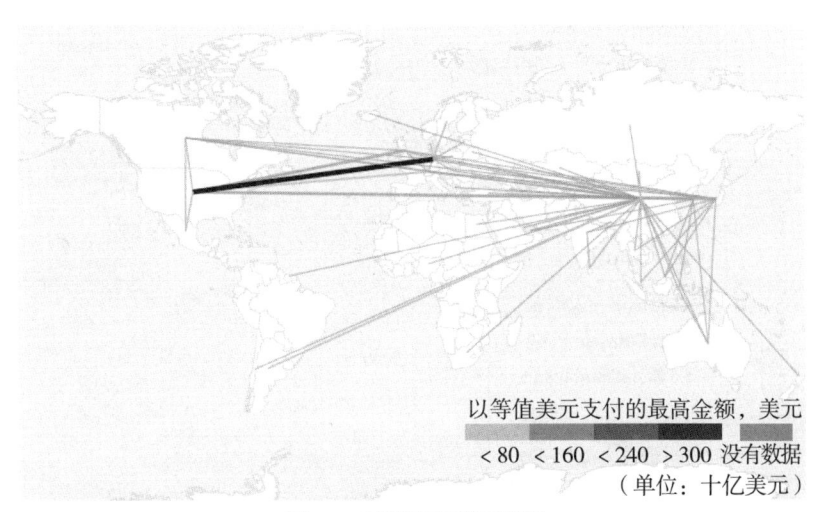

图 9.2 全球货币互换网络图

资料来源：来自美国外交关系协会（2020）。
注：数据截至 2017 年底。

从网络图可以清晰看出，目前的货币互换网络仍是以美联储和中国央行为主干。作为最重要储备货币发行国央行和全球流动性主要提供者的美联储，货币互换网络中的开放度还需进一步加大，特别是针对发展中国家和新兴经济体。

3. 区域融资安排

根据亨宁（2020）和 IMF（2017）的研究，区域融资安排在危机的推动下迅速发展（见表 9.2），目前总体规模甚至超过 IMF。从规模来看，最具代表性的是欧洲稳定机制、清迈倡议/清迈倡议多边化、金砖应急储备安排。

表 9.2　现有区域融资安排

地区	名称	创立时间	规模（单位：亿美元）
欧洲	欧洲稳定机制（European Stability Mechanism，ESM）	2012 年	5 800
北美	美墨加协定[①]（US-Mexico-Canada Agreement，USMCA）	2020 年	140
拉美	拉美储备基金（Latin American Reserve Fund，LARF）	1978 年	47
欧亚	欧亚稳定与发展基金（Eurasian Fund for Stabilization and Development，EFSD）	2009 年	85
东亚	清迈倡议多边化机制（Chiang Mai Initiative Multilateralization）	2000 年	2 400
中亚	阿拉伯货币基金（Arab Monetary Fund，AMF）	1976 年	48

---

① 美墨加协定于 2020 年 7 月 1 日生效，取代了 1994 年开始生效的北美框架协定（North American Framework Agreement，NAFA），根据美联储官网，北美区域性融资安排是根据创立于 1994 年的 NAFA 而建立的。

续表

地区	名称	创立时间	规模（单位：亿美元）
南亚	南亚区域合作联盟的货币互换协议（SAARC Currency Swap Arrangement）	1985年	20
金砖国家	应急储备安排（Contingent Reserve Arrangement，CRA）	2014年	1 000

资料来源：Henning（2020），IMF（2017）。

（1）欧洲稳定机制

2010年的欧洲债务危机暴露了欧元区治理结构缺陷，也同时催生了一系列新的区域性监管和救助机制的建立。其中，欧洲银行局、欧洲系统性风险局，以及欧洲监管局构成了新的欧元区金融治理框架。与此同时，2012年10月欧洲稳定机制正式启动，其宗旨就是为欧元区陷入债务危机的成员国提供援助并抵御潜在危机，以增强欧元区金融系统的稳定性。由于事先明确规定了救助对象、救助条件、救助金额和退出方式，ESM的救助效果更加优于欧洲央行的干预（陈静，2013）。事实上，ESM对西班牙和塞浦路斯的金融援助案例也显示了其能够有效地阻止债务危机的蔓延，提振了市场信心，推动了欧元区一体化进程。

根据陈静（2013）的总结，ESM之所以能够取得较好实质性的援助效果，主要得益于四个方面。第一，永久的国际组织。ESM具有国际组织的法律地位，依据国际条约正式建立，是欧洲金融稳定基金的"永久加强版"。第二，雄厚的资本金。ESM的资本金包括800亿欧元的实缴资本和6 220亿欧元的通知即付资本，为ESM提供强大的增信和巨额的援助能力。第三，ESM除了贷款外可以提供更多灵活有效的援助工具，包括对一级市场、二级市场的直接参与，以及对政府和金融机构的直接救助。第四，不仅欧元区各成员在批准ESM成立之前必须通过欧洲财政条约，而且申请援助的成员必须向ESM提交严格的结构改革和财政紧缩计划，因此ESM的出台在一定程度上将会促进欧元区财政纪律的加强。

（2）清迈倡议（CMI）/清迈倡议多边化

1997年亚洲金融危机后，东亚国家为了规避金融风险、加强东亚区域内的资金协调与互助，由东盟10国和中、日、韩3国于2000年共同建立了"清迈倡议"。CMI主要包括两部分：首先，扩大东盟互换协议（ASA）的成员数量与金额，将成员扩展到东盟10国，金额由原先的2亿美元扩大到10亿美元；其次，建立中日韩与东盟国家的双边互换协议。[①]但2008年全球金融危机中，成员国并未选择使用CMI，而是通过向美国、日本、澳大利亚等国家，以及区域发展银行和其他多边机构寻求流动性救助（Menon和Hill，2014）。

金融危机后，东盟"10+3"在2009年宣布扩大清迈协议的资金规模，并将其由一系列双边互换协议转变为一个自我管理的储备库。2009年12月28日，东盟"10+3"的财政部长与央行行长签署了清迈倡议多边化框架性协议。2010年3月24日，清迈倡议多

---

① 这部分的货币互换发展迅速，从2002年的170亿美元，逐渐发展到2008年5月的840亿美元。

边化机制正式生效。

CMIM 的主要内容包括三个方面。一是互换多边化和外汇储备库的扩充。2014 年 7 月储备库进一步由 1 200 亿美元扩大到 2 400 亿美元。二是新建"预防性贷款工具",在危机发生前予以成员援助。三是设立宏观经济研究办公室并提高与 IMF 贷款项目的脱钩比例。宏观经济研究办公室通过对东亚区域宏观经济的运行进行监测和评估,制定动用对外汇储备库资金的贷款政策、执行标准和整套机制,将在无 IMF 融资项目启动情况下进行的双边货币互换比例从原来的 20% 提高到 30%,有望继续突破 40%。

这些重要改变有助于提高成员应对潜在的或实际的国际收支和短期流动性困难的能力。但是,到目前为止,CMIM 仍未得到使用,主要有几个方面的原因（张礼卿,2015）。

首先,机制松散,缺乏约束力。由于是"自我管理"的外汇储备库,根据 CMIM 协议中的"逃跑条款",任何一个成员国都有可能免除与援助申请国开展互换的责任。

其次,资金规模不足。2 400 亿美元的资金规模,在抵御整个区域的系统性风险时还不够充足。在亚洲金融危机中,泰国实际共接收了 170 亿美元的流动性救助,但仅有一小部分来自 CMIM（根据出资比例,泰国和其他东盟国家总共能从 CMIM 获得 70 亿美元的援助）。而印尼接收了总额为 400 亿的流动性援助,该数额相当于可获得的 CMIM 脱钩部分贷款的 6 倍之多（Hill 和 Menon, 2014）。

最后,与 IMF 条件性贷款挂钩。CMI/CMIM 的融资与 IMF 融资项目挂钩的主要原因是借助 IMF 的经济监测能力,以保证资金安排，防范道德风险。随着宏观经济研究办公室成立，CMIM 融资与 IMF 融资的脱钩比例不断提高，但宏观经济研究办公室的能力建设还不能独立完成经济监测和风险评估，因此完全脱钩在目前看来尚不成熟。

（3）金砖应急储备安排

2014 年 7 月，金砖国家领导人签署了《关于建立金砖国家应急储备安排的条约》（下文简称《条约》），目前还在推进过程中。CRA 初始承诺[①]规模为 1 000 亿美元，其中中国承诺出资 41%，巴西、俄罗斯、印度为 18%，而南非承诺出资 5%，与 ESM 和 CMIM 相比规模较小[②]。

根据《条约》中提到的，CRA 的意义在于"鉴于各方同意，应急储备安排将为补充现有的国际货币和金融安排、加强全球金融安全网做出贡献"。但也有不少观点对 CRA 的实际意义提出质疑。其中，张礼卿（2015）通过研究各区域合作组织之间的贸易依存关系发现，欧盟内部贸易占其贸易总比重的 64.75%，"10+3"是 19.19%，而金砖国家内部只有 5.54%。他认为，金砖国家内部由于贸易依存度偏低，经济融合度不高，所以难以形成统一的政治意愿，从而无法支撑 CRA 的发展。潘英丽（2015）也认为，由于金

---

① 金砖各国的承诺资金是一种预防性安排，各国并不需要立即支付资金，只作为名义互换承诺，不涉及直接的储备转移。仅当成员国有实际需要、申请借款并满足一定条件时才启动互换操作、实际拨付资金。

② 据世界银行 2012 年 GDP 数据显示，CRA 约占 BRICS 总经济规模的 0.7% 不到，相比而言，ESM 与其前身欧洲金融稳定论坛（EFSF）总借款能力达到欧元区 GDP 的 7.6%，CMIM 亦占其地区经济总量的 1.3%。

砖国家都是新兴经济体，经济结构的相似性和金融体系的脆弱性会增加金融不稳定。

另外，根据 CMIM 的经验，CRA 还需解决一系列潜在问题，其中最重要的一项就是贷款机制的设计，以防范道德风险的发生。如果参照 CMIM 与 IMF 挂钩的条件性贷款机制，那么 CRA 也有可能被"束之高阁"，无法真正发挥作用。如何"平衡"贷款资金的安全性和资金灵活性之间的矛盾，成为其能否顺利发展的重要挑战。

4. IMF 的融资机制

2008 年全球金融危机后，全球金融安全网规模迅速扩张，其中作为安全网的核心，IMF 是国际层面最重要的流动性救助机构，如今 IMF 已经构建三层危机防火墙向成员国提供更充足的资金支持，同时 IMF 也在不断丰富和完善贷款工具箱，并推进落实 2010 年份额和治理改革使其运行机制更合理。

（1）三层危机防火墙

迄今，IMF 建立了三层危机防火墙，旨在满足成员在危机中的融资需求。第一层防火墙是成员认缴的份额，截至 2020 年 2 月底，基于份额可提供的资金资源约 3 200 亿 SDR（约合 4 400 亿美元）；第二层防火墙是多边借款协议（Multilateral Borrowing Arrangements，MBA），当 IMF 认为份额资源可能出现短缺时，会启动新借款安排来筹措更多的资金，截至 2020 年 2 月底，这层防火墙的资金规模达 1 430 亿 SDR（约合 1960 亿美元）；第三层防火墙是双边借款协议（Bilateral Borrowing Arrangements，BBA），以此来补充额度和新借款安排的资金，截至 2020 年 2 月底，通过双边借款协议IMF获得的资金规模为2 500亿SDR（约合3 440亿美元）。综上，截至2020年2月底，IMF的危机防火墙规模达到了6 130亿SDR（约合8 400亿美元），预示着IMF有足够的资金帮助各成员方应对潜在的金融风险。

（2）贷款和信号工具箱

在2009—2011年，IMF密集地进行了一系列改革来扩大其贷款工具的灵活性和范围，从而更加有效地向IMF成员提供流动性和紧急援助。具体改革有下述三个方面。一是设立灵活信贷额度（Flexible Credit Line，FCL），该借贷工具旨在降低融资污名的成本，鼓励成员国能在切切实实面临危机前就请求支援。二是设立更加灵活的预防性和流动性额度（Precautionary and Liquidity Line，PLL）取代了原先的预防性信贷额度（Precautionary Credit Line，PCL）。相较于PCL，PLL能满足未直接遭受危机的国家在地区或全球压力加剧期间的需要，并打破危机蔓延链。三是设立快速融资工具（Rapid Financing Instrument，RFI），为各种紧急国际收支需要提供支持，包括外生冲击带来的国际收支需要。同时，取消紧急援助工具（自然灾害紧急援助和战乱后紧急援助）。此外，新冠肺炎疫情肆虐全球，给各国的实体经济和金融系统带来了不同程度的打击，随着流动性需求增加、全球不确定性加剧，IMF在2020年4月批准设立了一项新的短期流动性额度（Short-term Liquidity Line，SLL），这是一种类似于货币互换安排的工具，区别是其由IMF而非一国央行来提供，用于帮助成员国更好地应对新冠肺炎疫情带来的冲击，以尽可能减小冲击风险演变成更深层危机并控制金融风险的溢出。综上，IMF融资机制下发展出应对不同国际收支问题的金融工具和信号工具（见表9.3），信号工具虽然不直接向成员国提供贷款，但是可以发挥一个协调功能，也可以帮助成员国获得全球金融安全网中的其他资源。

表9.3 IMF融资机制下的融资和信号工具

工具的类型	工具的名称	目的	门槛	期限	贷款条件
融资工具	备用安排（SBA）	满足当前、预期或潜在的国际收支需求	新兴经济体和发达经济体	最长3年，一般为12~18个月	事后
	备用信贷（SCF）		低收入国家	1~2年	事后
	中期贷款（EFF）	满足中长期的国际收支需求	新兴经济体和发达经济体	最长4年	事后，侧重于结构性改革
	中期信贷（ECF）		低收入国家	3~4年，可延长至5年	事后，侧重于结构性改革
	快速融资工具（RFI）	满足实际和紧急的国际收支需求	新兴经济体和发达经济体	直接购入	无
	快速信贷（RCF）		低收入国家	直接拨付	无
	灵活信贷额度（FCL）	满足当前、预期或潜在的国际收支需求	非常强劲的经济基本面和政策	1或2年	事前和事后
	预防性和流动性额度（PLL）	满足当前、预期或潜在的国际收支需求	稳健的经济基本面和政策	6个月或1年或2年	事前和事后

续表

工具的类型	工具的名称	目的	门槛	期限	贷款条件
融资工具	短期流动性额度（SLL）	应对由于国际资本市场波动导致的资本账户和外汇储备压力	非常强劲的经济基本面和政策；并且政策框架健全	12个月	无
信号工具	政策支持工具（PSI）	政策支持工具	低收入国家	1~4年，可延长至5年	事后
	政策协调工具（PCI）	政策协调工具	无	6个月至4年	事后

资料来源：IMF，上海发展研究基金会整理。

(3) 份额和治理机制改革

2016年1月27日后，IMF的2010年份额和治理改革方案已正式生效，约6%的份额将向有活力的新兴市场和发展中国家转移，其中，中国份额占比将从3.996%升至6.394%，正式成为仅次于美国和日本的IMF第三大股东，而IMF执董会成员也将首次全部由选举产生。鉴于大部分IMF的贷款限额是基于份额而定的，改革后，新兴市场和发展中国家将拥有更多的份额，这也意味着新兴市场和发展中国家可以更好地被全球金融安全网覆盖。但是，新兴市场和发展中国家作为整体在IMF中的代表性和话语权仍然偏低。

关于IMF的治理和功能仍存在的缺陷及相应的改进建议，本书第四章已做出详细的阐述。除此以外，IMF还需解决以下三个潜在挑战，以更好地承担起全球金融安全网的核心作用：第一，对一些新兴发展中国家而言，使用IMF融资工具的门槛高且融资条件苛刻；第二，IMF 的融资工具和其他层安全网的协调性问题也有待改善；第三，IMF 防火墙中的一些协议，如双边借款协议将在 2022 年到期，届时美国是否会继续大力支持 IMF 的工作这点依然存在不确定性，而这会削弱 IMF 融资机制的稳健性。

三、政策建议

目前关于全球金融安全网的研究（Aizenman 等，2011；Farhi 等，2011；Yeyati 等，2010；Perry，2015；Pardo 等，2015；Henning，2020）大都为人所认同，需要确立包括国内、区域、多边和全球的多层次融资机制，以应对非正常性流动性冲击。那么如何协调各机制，确保各个层次各自发挥比较优势和形成合力，避免相互绊脚和诱导机会主义行为，成为全球金融安全网研究的重点。

其中 Farhi（2011）提出全球货币互换联盟的倡议，主要观点是形成一个以 IMF 为中心的星形货币互换结构，在承认 IMF 与当前各类区域性融资机制的基础上，通过正式制度将全球各种类型的流动性提供机构连接起来。Perry（2015）主张构建金字塔形的以美元和 C6 互换为基础的全球互换网络，发挥央行货币互换在其中的基础性作用。Fernández - Arias 等（2012）设计了"国际最后贷款人"机制，指出由储备货币发行国来保证充足流动性支持。他强调，由于目前缺乏有效全球性最后贷款人角色，需要现有各种流动性机制相互补充，对面临危机的主权国家提供一个可以预见的公平准入机会。

结合上述观点，本书提出构建多层次、相互协调的全球金融安全网的初步设想，主要内容包括以下三个方面。

1. 发挥 IMF 在全球金融安全网中的核心作用

正如中国人民银行行长易纲在 2020 年 4 月 16 日召开的第 41 届国际货币与金融委员会会议上所说的，中国支持 IMF 在全球金融安全网中发挥核心作用，继续促进国际宏观经济政策协调，并为成员抗击疫情提供有力支持，促进全球经济增长和金融市场稳定。

我们也认为，要构建多层次、相互协调的全球金融安全网，首先需要发挥 IMF 在其中的核心作用。具体建议如下。

第一，强化 IMF 在规则制定、形成全球共识方面的作用。确立正式的、取得全球共识的制度设计是构建多层次、相互协调的全球金融安全网的首要内容。IMF 作为最重要的国际流动性救助机构，在专业知识、信息资源等方面具有其他机构无可比拟的优势，也积累了丰富的救助经验和教训。因此，应该充分发挥其优势，强化其在规则制定、形成全球共识方面的作用，适当弱化流动性救助的功能。

第二，发挥 IMF 与发达国家央行之间的平等对话和有效沟通的作用，增加发展中国家和新兴经济体在发达国家主导的货币互换网络中的参与度。

第三，强化 IMF 在宏观经济监测和监管方面的职能，提高全球金融安全网的运行效率，防范和降低道德风险。

2. 加强央行货币互换和 RFAs 的相互补充

从既有的 C6 互换网络和 CMIM 为代表的地区融资安排的特点

来看，虽然 CMIM 的外汇储备库，从本质上讲也是一种多边的长期化货币互换协议，但是两者之间的区别在于，一是 CMIM 的融资需求的满足具有条件性，并与 IMF 的融资项目挂钩，二是 CMIM 的多边货币互换并不实际"创造"新的流动性，而只是在危机时刻，发生流动性的转移和重新分配。当区域性金融危机爆发时，RFAs 往往难以同时满足各国巨大的流动性需求，且与 IMF 的融资项目挂钩，也使得 RFAs 的作用被削弱。因此，为了提升各国应对流动性冲击的能力，应该加强央行货币互换与 RFAs 之间的互补。

第一，各国特别是发展中国家和新兴经济体，应该积极参与双边和多边的货币互换，特别是与发达国家的货币互换，以更好地应对流动性冲击。比如，2012 年印度央行在多次尝试和美联储签署货币互换协议无果后，转而同日本央行签订了本币兑美元的货币互换协议，规模为 150 亿美元，2014 年将规模扩大到 500 亿美元。由于日本央行与美联储有长期的多边货币互换协议，因此印度央行也可以得到 C6 的"间接"的流动性保障。

第二，提升货币互换网络的开放度、透明度。发达国家货币互换网络的开放度、透明度，一直受到新兴经济体和发展中国家的质疑和批评，为了保证公平，应该进一步提升新兴经济体和发展中国家在其中的参与度。

第三，建立更多制度化与永久化的货币互换网络。在新冠肺炎疫情期间，C6 互换这个制度化与永久化的货币互换网络的表现良好，制度化和永久化的货币互换网络能够降低谈判成本，提高运作效率。由于双边和多边的货币互换协议的签署，是一项预防性协议和措施。只有当流动性危机真实发生时，才发生相应的资产转移，因此对于协议各方而言成本最小。

3. 加强 IMF 与 RFAs 之间的协调合作

从历史经验来看，共同融资、经济监测和技术支持是 IMF 与 RFAs 合作的主要内容。其中，关于共同融资，由于双方各自有着不同的融资机制（包括融资条件、融资工具、融资期限等），且 RFAs 条款的灵活性一般较 IMF 高，因此有些申请虽然达到了 RFAs 的要求，但却未必能通过 IMF 的审核。同时由于双方之间缺乏正式的合作机制设计和管理办法，合作的有效性和稳定性也无法保证。由于 RFAs 往往缺乏独立的经济监测能力，IMF 能够在这方面提供有益支持。比如在欧盟金融救助过程中，IMF 就在对西班牙金融机构资本重组的独立监测中发挥了重要作用（Miyoshi 等，2013）。

有鉴于此，我们认为，加强 IMF 与 RFAs 之间的协调合作至少需要做到以下几点。

第一，建立正式的系统化协调方式。为了保障双方的有效合作，可参照欧盟救助过程中 IMF 与欧盟、欧洲中央银行建立的"三驾马车"模式（"Troika" Framework），就宏观经济政策、项目设计和条件性问题进行一致磋商，建立稳定有效的协调机制（Miyoshi 等，2013）。

第二，信息共享和能力合作。IMF 和 RFAs 在监测金融脆弱性方面是各有所长的，IMF 擅长全球宏观经济框架的监测和分析，而 RFAs 对于区域形势和国别情况更了解，因此建议发挥各自优势，加强双方之间经常性的沟通对话机制，共同致力于对区域和国别的经济监测。比如，2014年1月举行的AMRO-IMF首次联合会议上，双方确立了能力建设和信息共享的合作框架。

第三，建立非正式的争端解决机制。考虑到IMF和RFAs在合作的过程中，在援助方案的技术层面和政治层面可能都会存在争议，那么设立解决争议的渠道就显得至关重要。亨宁（Henning，2020）就建议可以参考欧元危机时IMF和欧元区的经验，即在非正式领导会晤中解决这些争议，进而达成共识。

参考文献

[1] 陈静. 欧洲债务危机救助问题研究——从欧洲金融稳定基金到欧洲稳定机制[J]. 南方金融，2013（2）：48-51.

[2] 李扬. 警惕世界金融"去中国化"[N]. 21财经，2020-06-05.

[3] 潘英丽. 对"地区性金融合作以往的经验和教训：对金砖国家应急储备安排的含义"的点评. 上海发展研究基金会"中国和全球金融体系"国际研讨会实录[C]. 2015.

[4] 徐明棋. 央行货币互换：对国际货币体系的影响. 上海发展研究基金会"中国和全球金融体系"国际研讨会会议论文[C]. 2015.

[5] 张礼卿. 地区性金融合作以往的经验和教训：对金砖国家应急储备安排的含义. 上海发展研究基金会"中国和全球金融体系"国际研讨会会议论文[C]. 2015.

[6] 张明. 全球货币互换：现状，功能及国际货币体系改革的潜在方向[J]. 国际经济评论，2012，6：65-88.

[7] Aizenman J, Jinjarak Y, Park D. *International reserves and swap lines: Substitutes or complements?* [J]. International Review of Economics & Finance, 2011, 20（1）: 5-18.

[8] Aizenman J, Pasricha G K. *Selective swap arrangements and the global financial crisis: Analysis and interpretation* [J]. International Review of Economics & Finance, 2010, 19（3）: 353-365.

[9] Aizenman J. *International reserves and swap lines in times of financial distress:*

  overview and interpretations［R］. ADBI Working Paper, 2010.

［10］Board of Governors of the Federal Reserve System. *Coordinated Central Bank Action to Enhance the Provision of U.S. Dollar Liquidity*.［OL］2020-03-15.［Cited: 2020-07-30.］https://www.federalreserve.gov/newsevents/pressreleases/monetary20200315c.htm.

［11］Cheung Y W, Qian X. *Hoarding of international reserves: Mrs Machlup's wardrobe and the Joneses*［J］. Review of International Economics, 2009, 17（4）: 824–843.

［12］Farhi E, Gourinchas P O, Rey H. *Reforming the international monetary system*［M］. CEPR, 2011.

［13］Fernández - Arias E, Levy-Yeyati E. *Global financial safety nets: where do we go from here?*［J］. International Finance, 2012, 15（1）: 37–68.

［14］Henning C R. *Regional Financial Arrangements and the International Monetary Fund: Sustaining Coherence in Global Financial Governance*［J］. 2020.

［15］Hill H, Menon J. *Financial safety nets in Asia: genesis, evolution, adequacy and way forward*［M］. New Global Economic Architecture. Edward Elgar Publishing, 2014.

［16］IMF. *Collaboration between regional financing arrangements and the IMF*［J］. 2017.

［17］Johns Hopkins University of Medicine. *Coronavirus Resource Center*［OL］. 2020.［Cited: 08 05, 2020.］https://coronavirus.jhu.edu/.

［18］Mehrling P. *Elasticity and discipline in the global swap network*［J］. International Journal of Political Economy, 2015, 44（4）: 311–324.

［19］Menon J, Hill H. *Does East Asia Have a Working Financial Safety Net?*［J］. Asian Economic Journal, 2014, 28（1）: 1–17.

［20］Miyoshi T, Segal S, Sharma P, et al. *Stocktaking the Fund's Engagement with Regional Financing Arrangements*［J］. International Monetary Fund, 2013.

［21］Pardo R P, Rana P B. *Complementarity Between Regional and Global Financial Governance Institutions: The Case of ASEAN+ 3 and the Global Financial Safety Net*［J］. Global Governance: A Review of Multilateralism and International Organizations, 2015, 21（3）: 413–433.

［22］Wiggins, R Z. *Central Banks Use Swap Lines to Maintain the Flow of US Dollar. Yale School of Management*.［OL］2020-03-26.［2020-07-30］https://

som.yale.edu/blog/central-banks-use-swap-lines-to-maintain-the-flow-of-us-dollar.

［23］Yeyati E L, Cordella T. *Global safety nets: The IMF as a swap clearing house*［J］. 2010.

［24］Yu Y. *Revisiting the Internationalization of the Yuan*［M］//*Reform of the International Monetary System. Springer*, Tokyo, 2014: 107–129.

第十章
构建全球化的金融监管体系

2008年全球金融危机之后，全球金融一体化的趋势继续延续，IMF和BIS等国际机构和主要金融监管机构对加强对资本跨境流动监管的必要性也有了更多的认识，宏观审慎监管的理念也越来越得到重视。但是，全球化的金融活动和国别化的金融监管的矛盾仍然尖锐。日益全球化的金融活动所产生的负外部性，难以在现有的国别化的金融监管框架下得到有效的遏制。而且，在国别化监管的条件下，各国监管者之间实际上是跨越多个不同市场在进行多方博弈，存在着沟通不畅和利益冲突等问题。

因此，我们认为，全球化的金融市场以及国际金融市场的内在不稳定性客观上需要一个全球统一的、完整且具有前瞻性的金融监管体系，这一体系应该包含以下内容。

一、"一宏三微"的监管内容框架

我们建议建立一个兼顾宏观审慎和微观监管的全球化的金融监管体系。在宏观层面，建立起全球宏观审慎监管体系；在微观层面，实现对全球系统重要性金融机构（金融主体）的监管、对跨境资本流动（金融行为）的监管、对复杂金融创新工具和衍生产品（金融产品）的监管。其中，宏观层面的监管主要关注经济和金融活动的叠加效应和系统性影响，微观层面的监管则构成宏观审慎监管的微观基础，对金融主体的金融行为和金融产品进行系统、协调的监管，宏观和微观层面的监管相互交叉、互相支持，共同构成全球化的金融监管的内容框架体系（见图10.1）。

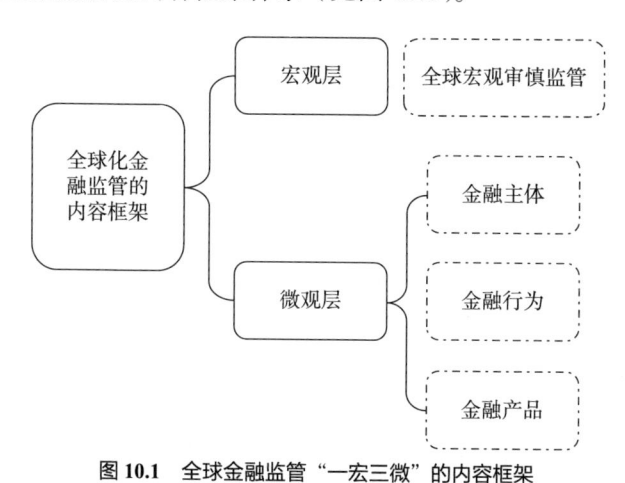

图 10.1　全球金融监管"一宏三微"的内容框架

二、全球宏观审慎监管

全球宏观审慎监管是为了维护全球金融体系的稳定，防止金融系统对经济体系的负外部溢出而采取的一种自上而下的全球协调统一的监管模式，主要是对可能存在系统性影响的微观金融风险积累进行前瞻性预判和处理。

全球宏观审慎监管包括时间和空间两个维度。在时间维度上，主要关注如何抑制金融体系内在的顺周期性和金融监管的滞后性。

在空间维度上，则主要关注金融机构之间的相关性与同质性而产生的共同风险敞口问题，这种共同风险敞口被认为是金融危机时期大量金融机构相继破产的重要原因，而跨国金融机构及其跨境业务活动则正是全球金融危机大范围蔓延的重要途径。

为了实现全球宏观审慎监管，必须建立全球协调的合作机制。在G20伦敦金融峰会上，从宏观审慎角度丰富和完善金融监管被作为最终报告的四条首要建议之一（Global Unions，2009）。各国也相继出台改革措施以应对"复杂的、跨部门的、相互作用的"系统性风险，比如成立一个强有力的负责宏观审慎监管的机构等（何德旭和钟震，2013）。但是，这些措施仍然以国别化的金融监管为主，对于跨境金融活动形成的潜在的系统性风险尚缺乏有效的控制。因此，建议在G20框架下进一步讨论全球宏观审慎监管的问题，可以考虑由G20牵头世界各国和全球主要国际金融机构一起制定统一的、具有前瞻性的全球宏观审慎监管规则及相应的监督执行机制。

三、对全球系统重要性金融机构的监管

全球系统重要性金融机构虽然是微观主体，但对宏观稳定具有重大影响。全球金融危机后，国际社会已经显著加强了对全球系统重要性金融机构的监管力度，但是以下环节需要补充或加强。

（1）识别：新冠肺炎疫情暴发后，全球流动性再次充裕，建议尽快启动新一轮全球系统重要性金融机构评估和评估方法审查。

（2）压力测试：建议对全球系统重要性金融机构进行压力测试，并将结果对所有经济体央行及监管部门公布。

（3）监管协调：建议依托 G20 机制，各经济体进一步加强金融监管合作，严格落实金融稳定理事会提出的全球系统重要性金融机构监管标准，加快完善跨境金融机构的破产清算框架。

四、对跨境资本流动的监管

随着金融全球化的发展，跨境金融活动也越来越频繁。作为其中最引人注目的部分，跨境资本流动在国际金融市场波动中扮演着日益重要的角色。雷伊甚至认为"三难选择"已经变成了"两难选择"，无论是固定汇率制还是浮动汇率制，只要资本是自由流动的，就无法完全保持货币政策的独立性（Rey，2013）。因此，加强对跨境资本流动的监管已经刻不容缓。对此，我们提出以下建议：

（1）提高跨境资本流动透明度；

（2）考虑对资本的跨境流动收税；

（3）构建短期跨境资本流动风险预警体系；

（4）在特殊情况下对资本流动进行一定程度的管制。

五、对复杂金融创新工具和衍生产品的监管

金融创新是金融机构为了适应需求和供给环境变化而自发产生的创新性行为，对适应经济需求变化具有积极作用。但是，金融创

新往往还存在另一个动机,即通过规避当前的金融监管约束而获取超额收益。例如,近年来通过存款业务筹集资金和发放贷款的传统业务已经出现下滑趋势,其中的一部分业务已经由影子银行体系以其通过证券市场发放贷款的形式所取代。因此,应该把各类金融衍生产品、新型的金融业务模式纳入监管框架,不让那些复杂金融创新工具和衍生产品长时间大规模在全球金融监管框架之外运行,特别是创新性的跨境金融交易,由于金融监管国别化的问题,特别容易出现跨国监管套利的情况。

为了应对金融创新带来的挑战,我们需要注意以下两点。

(1)探索研究具有前瞻性的全球金融监管知识体系,把具有一定规模的创新性金融产品和业务模式纳入监管框架。

(2)建立全球协调的金融监管体系,兼顾各国的金融发展状况差异。在金融业态丰富、创新能力强大的发达经济体,金融监管的重点是杠杆率、规模以及创新业务的风险等;在金融深化不足的新兴经济体中,需要在合理监管下继续推进金融创新。

参考文献

[1] 何德旭,钟震.系统重要性金融机构与宏观审慎监管:国际比较及政策选择[J].金融评论,2013,05:1-11.

[2] Global Unions. *Statement to the London G20 Summit*[J]. Global Unions London Declaration, April, 2009.

[3] Rey Hélène. *Dilemma not Trilemma: The Global Financial Cycle and Monetary Policy Independence*[J]. Proceedings, Jackson Hole, 2013.

第十一章
应对全球金融失衡的长期设想

彻底根除全球金融失衡的前提是以信用为基础、以美元为中心的国际货币体系发生根本性的变化。这在短期内当然是不会发生的，但是我们可以对国际货币体系的演进方向进行预判和展望。

对于如何改革当前的国际货币体系，国际社会已经提出过各种不同的方案，总体来看有复古方案、改良方案和激进方案三大类。复古方案是恢复金本位制或者以金本位为基础的货币体系；改良方案是维持美元本位制不变，在当前的货币体系基础上进行改良；激进方案是建立超主权机构和构建超主权国际货币。

对于金本位制国际货币体系，由于黄金储量难以适应世界经济活动增长的需要，实际上难以满足国际货币体系"内在稳定性"的要求；而以黄金作为基础发行信用货币的方式，还是会面临世界各国黄金储备不均的问题：当黄金储备集中到个别国家手中时，这种国际货币体系实际上还是由主权货币作为国际货币。

世界银行2011年发布报告《全球发展地平线2011多极化：新的全球经济》，认为到2025年国际货币体系会出现三种可能：第一种可能是，美元仍然占据统治地位；第二种可能是，多元储备货币体系；第三种可能是，SDR成为主要全球货币（世界银行，2011）。

该报告认为第二种可能出现的概率最大,而可能出现的概率最小。这一观点代表了 2008 年全球金融危机爆发以后的国际主流意见。坦诚地讲,我们当时也是那样认为的。但是经历多年,站在当下来看,我们认为 2025 年的国际货币体系恐怕仍然会维持美元独大的格局。但从中长期来看,我们仍然相信多元储备货币体系将是最有可能出现的情形,而 SDR 成为超主权货币的可能性最小。下文将对多元储备货币体系和超主权货币体系出现的可能性分别展开分析。

一、多元储备货币体系

在过去的几十年,世界经济格局已经发生了巨大变化,美国经济占比下降,而发展中国家尤其是中国的经济占比不断上升。近期新冠肺炎疫情在全球蔓延,给全球经济带来衰退风险,而中国率先控制住了疫情,并在 2020 年第二季度恢复了经济同比正增长,这意味着中国的全球经济占比将继续上升,与美国的差距将进一步缩小。另外,新冠疫情以来,美联储一系列救助计划和量化宽松措施,在向全球收割铸币税的同时,也一定程度透支了信用,削弱了美元的地位。

从短期来看,多元储备货币体系确实面临诸多障碍。2020 年 6 月,SWIFT 全球支付货币占比显示,美元仍然占据主要地位,欧元虽然目前占比较高,但其中有相当一部分是欧元区内各国的内部交易。随着新冠肺炎疫情的蔓延,欧洲央行推出一系列量化宽松措施,一定程度削弱了欧元的地位。人民币国际化一直在稳步推进,中国的经济全球占比也在不断上升,但是人民币在国际使用和国际储备中的占比仍然远低于美元和欧元,这主要是受制于人民币尚不能自由兑换(见图11.1)。

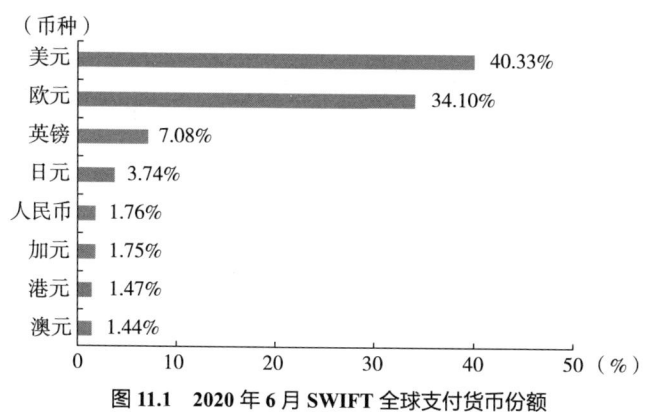

```
(币种)
美元      40.33%
欧元      34.10%
英镑      7.08%
日元      3.74%
人民币    1.76%
加元      1.75%
港元      1.47%
澳元      1.44%
      0  10  20  30  40  50 (%)
```

图 11.1　2020 年 6 月 SWIFT 全球支付货币份额

资料来源:SWIFT。

不过从长期来看,多元储备货币体系不断受到以下三方面趋势的推动。

1. 经济多极化

布雷顿森林体系建立以后,随着欧洲经济的复苏和日本经济的腾飞,美国经济的全球占比不断下降,全球经济开始出现多极化发展的趋势。进入 21 世纪后,随着新兴市场的崛起,特别是中国经济的快速发展,全球经济格局继续向着多极化方向发展。

从 GDP 全球占比来看,G4 国家 GDP 占全球的比例从 1970 年的 70% 左右下降到 2019 年的不到 50%,其中美国 GDP 占比从 1970 年的 36% 左右下降到 2019 年的 24%。与此相对的是其他国家的 GDP 已经从原来不到全球 1/3 份额上升到现在的一半以上(见图 11.2)。

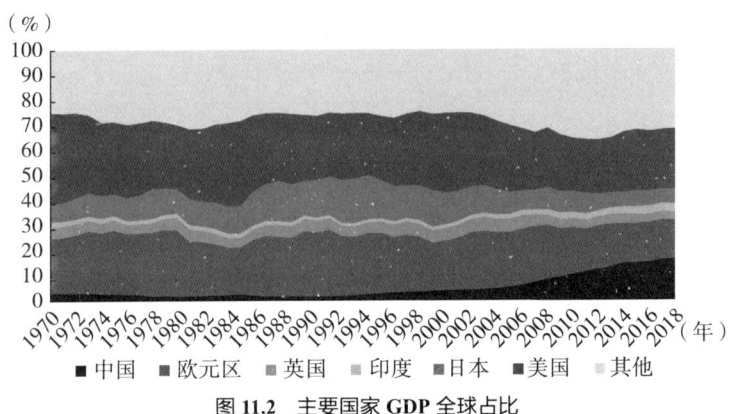

图 11.2 主要国家 GDP 全球占比

资料来源：世界银行。

从出口的全球占比来看，G4 国家出口占全球的比例已经从 2000 年的 54.46% 下降到 2018 年的 43.14%，其中美国出口的全球占比从 13.90% 下降到 9.96%，欧元区从 31.25% 下降到 26.06%，英国从 5.63% 下降到 3.48%，日本从 6.36% 下降到 3.64%。与之对应的是除 G4 外的其他国家出口占全球的比例已经从 2000 年的 45.54% 上升到 2018 年的 56.86%，其中中国的出口占比从 3.20% 上升到了 10.54%。全球进口占比的变化也与之类似（见图 11.3）。

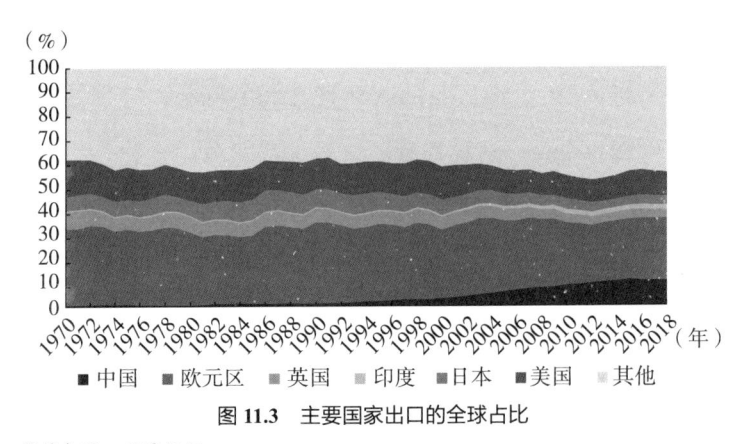

图 11.3 主要国家出口的全球占比

资料来源：世界银行。

从固定资本形成总额（约等于投资）的全球占比来看，G4国家投资占全球的比例也已经从2000年的69.18%下降到2018年的40.21%，其中美国投资的全球占比从29.94%下降到19.50%，欧元区从18.62%下降到13.03%，英国从3.73%下降到2.21%，日本从16.89%下降到5.47%。与之对应的是除G4外的其他国家投资占全球的比例从2000年的30.83%上升到目前的59.79%，其中中国的占比从4.98%上升到了27.24%（见图11.4）。

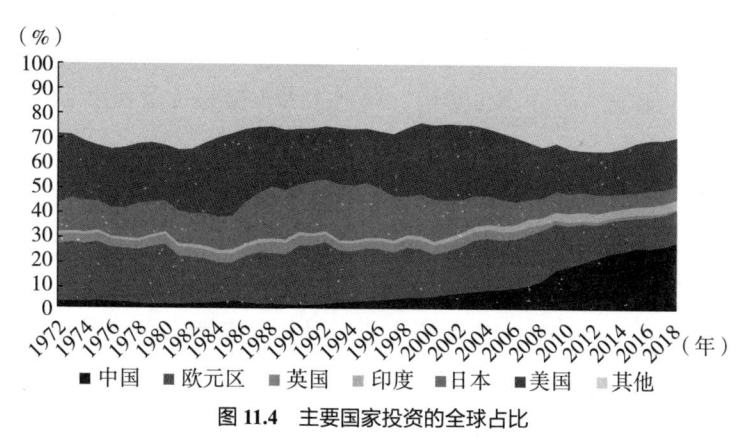

图11.4 主要国家投资的全球占比

资料来源：世界银行。

虽然由于网络效应、路径依赖等原因，国际货币体系不能实时反映全球经济格局的变化，但从长期来说，一国货币的国际地位必然会逐渐与该国的经济实力相匹配。

2. 人民币国际化

伴随着中国经济的国际地位迅速上升，2009年以来，中国一直在通过多种渠道逐渐扩大金融层面的对内对外开放，推进人民币国际化进程。具体的举措包括银行间债券市场的逐渐开放、"沪港通"和"深港通"等通道式开放措施的推出、离岸人民币中心的建立和发展、人民币跨境支付系统（CIPS）的上线等。

同时，人民币国际化战略也并不是孤军奋战，它以国内金融改革为支撑，包括存贷款利率上下限的放开、利率曲线的探索、汇率改革等；并且与"一带一路"战略、成立自由贸易试验区、倡导建立亚投行、金砖国家新开发银行等其他举措有机结合。尤其是上海自贸区通过资本账户开放和金融创新推进贸易和投资项目下的人民币跨境使用，为人民币"走出去""流回来"拓宽了渠道。

尽管与美元、欧元差距巨大，人民币已成为全球第二大贸易融资货币、第五大国际支付货币、第八大外汇交易货币和第七大外汇储备货币。2016年10月人民币正式加入SDR篮子正是对人民币国际化成绩的肯定，它已经并将继续为人民币国际化注入新的动力。

3. SDR的应用

SDR是1969年IMF为补充成员外汇储备而创设的货币单位。2008年全球金融危机爆发后，随着对危机原因的反思，特别是周小川提出建立以SDR作为主要储备货币的超主权储备货币体系的设想后，SDR再次成为国际社会关注和研究的焦点。

SDR同样可以成为多元储备体系的有机组成部分，补充成员国外汇储备，向全球提供安全资产。并且，由于SDR的特殊性，它可以在多元储备货币体系中发挥更大的作用。SDR的使用能够增加全球安全资产供给和选择范围，减少主要储备货币汇率波动的冲击（IMF，2011a；IMF，2011b）。SDR的使用还能够减少国际储备积累和持有国际储备的成本。发行SDR有利于增强市场信心，满足各国对预防性储备的需求，有助于减少对美元资产的依赖，缓解全球金融结构性失衡。如果能推动 SDR 在国际贸易、大宗商品定价和证券发行中计价，还能有效减少因使用主权储备货币计价而造成的资产价格波动及风险。

当然 SDR 还面临着很多困难：首先，SDR 只是一种账面资产，没有国家信用和金融市场的支撑，私人部门流动性很弱，在国际交易中尤其是在私人市场没有得到广泛使用，私人市场缺乏以 SDR 计价的金融工具；其次，SDR 缺乏具有深度和流动性的金融市场，也缺乏收益率曲线和二级市场，阻碍了它成为具有吸引力的储备资产；最后，SDR 市场缺乏相应的做市商、清算体系和支付结算机制等基础设施（SDRF 和 RT，2016）。

但是无论是中国开始以 SDR 为单位公布外汇储备，IMF 提出 Market-SDR 这一金融工具，还是世界银行发行 SDR 计价债券，特别是人民币正式进入 SDR 篮子，这些都推动了 SDR 的发展，使 SDR 能够在国际货币体系中发挥更大的作用，向未来储备货币体系多元的可能迈进。

二、超主权储备货币体系

多元储备货币体系是未来最可能出现的国际货币体系，但它不是国际货币体系改革的理想目标，也不能从根本上消除全球金融不平衡。

理想的国际货币体系应该基于一种与任意主权国家外部头寸无关的超主权储备货币，以使国际储备资产的积累与主权国家的经常项目逆差和宏观经济政策相分离，从而真正解决"特里芬难题"。

体系具有稳定的货币"锚"，即超主权储备货币。开放小国经济体可以选择将本国货币盯住超主权储备货币，从而获得相对稳定的汇率，为国际贸易和投资创造更加稳定的国际环境。

超主权储备货币具有相对主权国家独立的货币发行规则，它与全球的经济贸易发展水平相适应，而不从属于任何国家经济发展或国内金融稳定的目标，即"超脱于任何一国的经济状况和利益"（周小川，2009）。

1. 总体构想

建立全球央行并统一发行世界单一货币的思想起源于哈耶克和凯恩斯。哈耶克在1937年出版的《货币的民族主义与国际稳定》（*Monetary Nationalism and International Stability*）一书中指出，作为货币改革者有两种理性的选择，其中之一是建立制定国际货币政策的全球中央银行，一个民族国家难以执行负责任的货币政策，应该建立一个单一的全球中央银行，切实承担起责任。凯恩斯在1944年提出"国际清算同盟计划"，建议设立国际货币单位"Bancor"，美国经济学家特里芬进一步发展了这一思想，认为应建立全球性中央银行，主要任务是建立世界储备库，统一控制各国的货币发行，并且实行统一的国家货币管理机制。这种意义上的全球中央银行，具有协调各国中央银行主要业务的职能。

超主权储备货币体系有两种不同的具体设想，一是把SDR打造成全球储备货币，同时把IMF改造成全球央行（周小川，2009；Stiglitz, Joseph 和 Greenwald，2010；Ocampo，2010；Kenen，2010；

Williamson，2010）；二是创造一种新的体现全球信用的超主权货币或资产。

2. 以 SDR 为全球储备货币、IMF 为全球央行的设想

IMF 作为 SDR 的创设和运作机构，也是目前全球唯一以维护货币和金融稳定为职责的国际机构，具有成为全球央行的潜力。SDR 虽然在全球非黄金外汇储备中的比例总体呈现下降趋势，但它作为国际储备资产也早已得到国际社会的普遍认可，并事实上发挥着部分国际货币的职能。因此，可以从现行的国际货币体系先过渡到多元储备货币体系，再按照一种渐进的路径，不断加强 SDR 在其中的地位和作用，通过对 SDR 和 IMF 的渐进改革来逐渐创立一个理想的超主权储备货币体系（乔依德和徐明棋，2011）。尽管主要大国可能不太乐意接受 SDR 作为一种新的全球储备货币，同时认可 IMF 是全球央行（Zoellick，2010），但与创造新的超主权货币相比，把 SDR 打造成全球货币的思路显得相对容易实现一些。

要把 SDR 向全球主要储备货币的方向推进面临很大的困难和阻碍，当前的一些新技术可能有助于缓解其中的某些障碍，比如区块链技术。它是一种信息技术，人们把一段时间内产生的信息打包成一个区块，盖上时间戳，并在每个区块的开头写上指向上一个区块的指针，从而使它与上一个区块衔接起来，最终形成首尾相连的区块的链式组合，故名区块链。从金融会计的角度，区块链形成了一种分布式的、开放性的、去中心化的大型网络记账簿，本质上是一个去中心化的数据库，因此也可以称为分布式记账。

将区块链技术应用到 SDR，可以使 SDR 进化成数字 SDR，从

而使其具有可编程的性质，即每一个数字 SDR 都是一个 SDR 与相应智能合约的结合体。通过编程可以在发行 SDR 时给它添加初始限制，比如可以在流动性危机时期发行大量数字 SDR，并通过智能合约约定当某一种大宗商品价格回升到一定数值时自动销毁部分或全部本次发行的 SDR。这个数字 SDR 自带的智能合约还可应用于 SDR 的使用过程中，比如当发达国家使用数字 SDR 对低收入国家进行援助时，可以通过编程规定这些援助的使用范围。在此基础上，SDR 货币篮子调整、SDR 发行和分配等也都可以在一定程度的共识基础上通过区块链自动实现，从而搭建一个以"SDR+ 区块链"为基础的国际货币体系。

在建立以前，IMF 应该是新体系的推动者，并为各国讨论 SDR 相关事宜提供适宜的平台。在新体系建立以后，IMF 作为体系的监督者和协调者可以查看全球所有交易记录，对此进行分析、研究，发现该体系中不稳定的或异常的资本流动，并就此向相关国家提出预警和建议。当然，技术仅仅是手段，不能起到决定性的作用。能否真正推动 SDR 的发展还要取决于政治意愿。

3. 数字货币的兴起为超主权货币提供新的思路

2019 年，英国央行行长提出推出新的综合主导货币（synthetic hegemonic currency，SHC），建立一个多极体系，来取代目前的美元霸权。这种新型综合主导货币不一定由公共部门提供，也不一定通过央行的数字货币网络。类似 Libra 的数字货币为这种综合主导货币提供了一种思路。近年来比特币等数字货币的兴起，一方面有市场投机因素的推动，另一方面也反映了人们对超主权的国际货币体系的畅想。然而，另起炉灶，构建全新超主权货币的思路是最不可能实现的。原因不在于技术障碍，而是来自国际政治的巨大阻力。

参考文献

［1］ 乔依德，徐明棋.加强 SDR 在国际货币体系中的地位和作用［J］.国际经济评论，2011（3）：52-65.

［2］ 世界银行.全球发展地平线 2011 多极化：新的全球经济［M］// 全球发展地平线 2011 多极化：新的全球经济.中国财政经济出版社，2011.

［3］ 周小川.关于改革国际货币体系的思考［J］.中国金融，2009，7（8）.

［4］ International Monetary Fund, *IMF Executive Board Concludes the Meeting on Enhancing International Monetary Stability—A Role for the SDR?* 2011a.

［5］ International Monetary Fund, *Enhancing International Monetary System Stability—a Role for the SDR?* January 7, 2011b.

［6］ Kenen P. *An SDR based reserve system*［J］. Journal of Globalization and Development, 2010, 1（2）.

［7］ Ocampo J A. *Building an SDR-based global reserve system*［J］. Journal of Globalization and Development, 2010, 1（2）.

［8］ Stiglitz J E, Greenwald B. *Towards a new global reserve system*［J］. Journal of globalization and development, 2010, 1（2）.

［9］ Williamson J. *The future of the reserve system*［J］. Journal of Globalization and Development, 2010, 1（2）.

［10］Zoellick, Robert. *The IMS Must be Reformed*［OL］. http://www.finance.sina.com.cn/roll/20101227/00053560431.shtml, 2010.

附录

杠杆率、利率和风险偏好的相互作用机制：理论模型[①]

1. 金融中介的资产负债表与杠杆率

我们采纳权益外生性的假设，即金融机构资产负债表的扩张完全通过债务融资，和其权益大小无关。这一假设帮助我们避免讨论企业最优资本结构决策的问题，降低了模型的复杂度。（A-1）式为本书对杠杆率的定义，

$$d = \frac{D}{A} = \frac{D}{D+E} \qquad (A-1)$$

其中，A、D 和 E 分别表示金融中介的资产、债务和权益，E 是外生的，其他均为内生变量。

2. 债务合约与利润函数

决定上述 d 和 D 的微观机制是债权人和债务人根据各自的利润函数达成债务合约。考虑一个最简单的债务合约：债权人在期初借给债务人 D，约定债务到期时一次性还款 $\overline{D}$，债权人的资金成本和债务人权益的资本成本均为 0。另假设债权人和债务人都是风险

[①] 本书的理论模型是何知仁（2016）博士论文中的一部分，该模型的构建主要参考了 Adrian 和 Shin（2010）、Adrian 和 Shin（2013）、刘海影（2015）的工作。

中性的，[①] 且不考虑通货膨胀，那么债权人的期末利润（payoff），

$$\pi^c = \begin{cases} \overline{D} - D, & \overline{A} \geq \overline{D} \\ \overline{A} - D, & \overline{A} < \overline{D} \end{cases} \quad (A-2)$$

其中 $\overline{A}$ 为债务人的期末资产。这相当于债权人以 $\overline{D} - D$ 的价格卖出一个以 $\overline{A}$ 为标的资产、以 $\overline{D}$ 为执行价格的看跌期权，假设该期权的价值为 $o(\overline{D})$，那么（A-2）式等价于，

$$\pi^c = \overline{D} - D - o(\overline{D}, A, \Sigma) \quad (A-3)$$

其中，Σ 表示期权的隐含波动率。同理，债务人的期末利润，

$$\pi^d = \begin{cases} \overline{A} - \overline{D} - E, & \overline{A} \geq \overline{D} \\ -E, & \overline{A} < \overline{D} \end{cases} \quad (A-4)$$

类似地，债务人相当于以 $\overline{D} - D$ 的价格买入一个以 $\overline{A}$ 为标的资产、以 $\overline{D}$ 为执行价格的看跌期权，（A-4）式等价于，

$$\pi^d = E(\overline{A}) - \overline{D} - E + o(\overline{D}, A, \Sigma) \quad (A-5)$$

其中 $E(\overline{A})$ 表示 $\overline{A}$ 的期望。

假设债务人投资于"承诺"收益率为 $\overline{r}$ 的项目，之所以使用引号，因为实际上项目是存在风险的，$\overline{r}$ 的准确含义是指项目最高收益率。实现的收益率 r 符合在 $[-1, \overline{r}]$ 区间内以 $E(r)$ 为期望，σ 为标准差的概率分布。那么相应地，

$$\overline{A} = (1 + r)A \quad (A-6)$$
$$E(\overline{A}) = [1 + E(r)]A \quad (A-7)$$
$$\Sigma = A^2 \sigma \quad (A-8)$$

关于上述债务合约与利润函数的详细说明可参见 Adrian 和

[①] 债权人和债务人可以分散化投资的个别风险，仅面临系统性风险。因此这里实质上假设他们对系统性风险是中性的。

附录　杠杆率、利率和风险偏好的相互作用机制：理论模型

Shin（2013）或刘海影（2015）的论文。从（A-3）（A-5）两式以及 A = D + E 容易得到，

$$\pi^c + \pi^d = E(\overline{A}) - A \qquad (A-9)$$

即债权人和债务人的利润之和等于投资的期望收益，这验证了我们的模型描述了一个无摩擦的经济。债权人和债务人各自能得到多少利润，取决于两者的相对市场力量。至少存在以下几种假设：1）债权人处于垄断地位，他们剥夺债务人的全部利润，$\pi^d = 0$；2）债务人处于垄断地位，$\pi^c = 0$；3）双方都不具备绝对的垄断力量，$\pi^c = \delta[E(\overline{A}) - A]$，$\pi^d = (1-\delta)[E(\overline{A}) - A]$，其中 $\delta \in (0, 1)$，关于 δ，还可以假设它是固定的或随 D 变化的（即存在价格歧视的）。然而债权人和债务人的相对市场力量并不影响本书的研究结果，为了满足数学推演的简洁性，本书采取假设 2），这和 Adrian 和 Shin（2013）的做法是一致的。

根据式（A-3）和 $\pi^c = 0$，

$$\overline{D} - D - o(\overline{D}, A, \Sigma) = 0 \qquad (A-10)$$

两边同除以 A 后，

$$\frac{\overline{D}}{A} - d - \frac{o(\overline{D}, A, \Sigma)}{A} = 0 \qquad (A-11)$$

为了进一步简化，我们规定 $\overline{d} = \frac{\overline{D}}{A}$，表示单位资产的还款额，与式（A-1）给出的杠杆率的概念对应。假设金融市场是完全竞争的，期权定价不存在价格歧视，则 $\frac{o(D, A, \Sigma)}{A} = o(\frac{\overline{D}}{A}, 1, \sigma)$，我

们不妨将 $o(\frac{\bar{D}}{A}, 1, \sigma)$ 简记为 $o(\bar{d}, \sigma)$。于是，式（A-11）可写为，

$$\bar{d} - d - o(\bar{d}, \sigma) = 0 \qquad (A-12)$$

式（A-12）给出了债务合约达成的必要条件。我们将金融中介的杠杆率 d 和单位资产还款额 $\bar{d}$ 应满足的曲线称为"债权人—债务人曲线"，简称为 CD 曲线，该曲线反映了债务合约的双方，在一定的投资收益分配规则假设下以及在投资风险给定的情况下，基于各自的利润函数，达成的债务合约的可能集。

如附图 A-1 所示，首先，CD 曲线是位于 45°线上方的，因为 $\bar{d}$ 必须不小于 d，否则名义利率为负数。其次，命题 A-1 描绘了曲线的大致形状。①

命题 A-1：债权人—债务人曲线是斜向上，且凸向原点的，即对 $\forall \bar{d} \in (0, 1+\bar{r})$，$\frac{\partial \bar{d}}{\partial d} > 0$，$\frac{\partial^2 \bar{d}}{\partial \bar{d}^2} < 0$。

直观地，如果曲线存在单调递减的区间，那么在这个区间内新增贷款的名义利率为负数；假设曲线上任一点与原点连线的斜率为 k，债务的名义利率为 i，那么 $k = \frac{\bar{d}}{d} = 1+i$，曲线凸向原点意味着名义利率随着杠杆率的上升而上升。这是因为，随着杠杆率上升 d，单位资产还款额 $\bar{d}$ 上升，看跌期权的执行价格上升，最终导致 $o(\bar{d}, \sigma)$ 上升，这说明更多的风险从债务人向债权人转移，于是后者要求更高的名义利率，而前者也愿意承担额外的成本。最后，命题 A-2 给出了参数 σ 对曲线影响。

---

① 对债务双方相对市场力量的假设会影响式（A-12）的形式，但是容易证明，调整该假设不会影响 CD 曲线的单调性和凹凸性。

命题 A-2：假设两个投资项目对应的债权人—债务人曲线分别为 CD_1 和 CD_2，$\sigma_1 < \sigma_2$，$E(r_1) = E(r_2)$，且随机变量 $(1+r_1)$ 和 $(1+r_2)$ 的分布函数在区间 $(0, 1+\bar{r})$ 内仅相交一次。那么，CD_1 位于 CD_2 右方，即对 $\forall \bar{d} \in (0, 1+\bar{r})$，$d_1 > d_2$。

该命题同样容易理解，在期望回报不变的情况下，如果风险降低，对于同样的 $\bar{d}$ 或 d，债权人和债务人将要求和接受更低的名义利率。此外，CD 曲线的形状也随着投资风险的改变而改变，然而这对下文的分析而言不重要。

综上所述，CD 曲线提供了杠杆率、名义利率和风险达到均衡状态的必要条件。如前言所述，CD 曲线的直观解释是债务合约的双方对看跌期权进行公允定价，而现实中风险的真实水平是不可观察的，因此，这里提及的"风险"应理解为债务合约的双方对风险的评估。为了确定均衡状态，下文将引入其他条件和机制。

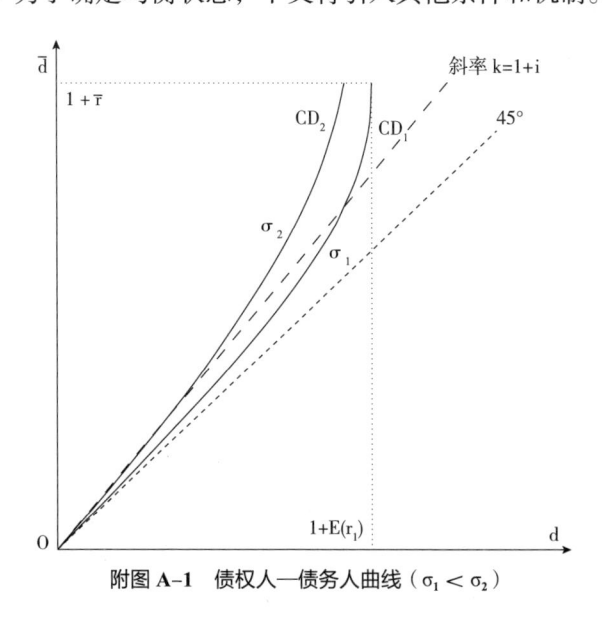

附图 A-1 债权人—债务人曲线（$\sigma_1 < \sigma_2$）

3. VaR 规则

VaR 是指企业面临潜在损失的概率分布的一个分位数，使得损失大于该分位数的概率为某一个特定的值。假设 V_α 表示置信水平 α 的 VaR，L 表示反映潜在损失的随机变量。上述定义的数学表达如下：

$$\text{Prob}(L \geqslant V_\alpha) = 1 - \alpha \quad (\text{A-13})$$

VaR 规则是指在不同的经济状态下，企业维持 VaR 稳定。假如金融中介（债务人）希望将破产的概率控制在 $1-\alpha$ 以内，当且仅当，无论经济处于何种状态，债务人须维持 V_α 等于他的权益资本。这就是本书引入的 VaR 规则，即，

$$V_\alpha \equiv E \quad (\text{A-14})$$

与式（A-14）等价的表述是，

$$\alpha = \text{Prob}(\pi^d < -E) \text{ 独立于 } \theta \quad (\text{A-15})$$

其中，θ 代表宏观经济周期的状态，假设 θ 随着总需求的增大而增大。根据式（A-4），得到另一个等价的表述：

$$\alpha = \text{Prob}[\overline{A} = (1+r) > \overline{D}] \text{ 独立于 } \theta \quad (\text{A-16})$$

对资产进行归一化整理后得到，

$$\alpha = \text{Prob}(1+r > \bar{d}) \text{ 独立于 } \theta \quad (\text{A-17})$$

假设 $F(\cdot)$ 为随机变量 $(1+r)$ 的分布函数，我们最终得到，

$$F(\bar{d}; \sigma) = 1 - \alpha \text{ 独立于 } \theta \quad (\text{A-18})$$

Adrian 和 Shin（2013）利用模型解释了式（A-18）的微观机制。此外，他们的实证分析发现自 2001 年 12 月至 2012 年 1 月，尽管经历了全球金融危机，美国银行 VaR 与权益资本的比率保持稳定。

| 附录　杠杆率、利率和风险偏好的相互作用机制：理论模型 |

事实上，近几年探讨类似问题的文献中普遍使用了债务人遵循 VaR 规则的假设。因此，本书在这方面的设置应为合理的。

如何理解 VaR 规则在本书模型中的作用？如附图 A-2 所示，假设债权人与债务人上调其对投资风险的评估，收益率 $(1+r)$ 的分布函数由 $F_1(\cdot)$ 变为 $F_2(\cdot)$，贯彻 VaR 规则的债务人为使 $F(\bar{d})$ 维持在 $1-\alpha$，将容许还款额的上限从 $\bar{d}_1$ 降低到 $\bar{d}_2$，同时，债权人债务人曲线由 CD_1 变为 CD_2，于是金融中介的杠杆率的上限从 d_1 降到 d_2。如果杠杆率的上限总是被达到的（binded），那么实际经济的状态从 A 转移到 B。直观地，VaR 规则与债权人—债务人曲线共同从微观层面上对实际经济中杠杆率、名义利率和风险感知的状态提供约束。债务合约的双方不仅考虑各自的利润函数，而且控制面临潜在损失的风险。此处，我们利用了 $E(r)$ 维持不变的隐含假设。事实上，项目的期望收益是变化的，但这一假设便于我们建立模型，且不影响模型所刻画的机制。

尽管式（A-18）是根据债务人采取 VaR 规则的假设推出的，该结果等价于债权人也采取 VaR 规则控制风险。由式（A-2）（A-16），

$$\alpha = \mathrm{Prob}(\bar{A} > \bar{D}) = \mathrm{Prob}(\pi^e \geq \bar{D} - D)$$
$$= 1 - \mathrm{Prob}(\pi^e < \bar{D} - D) \text{ 独立于 } \theta \quad (A-19)$$

这意味着债权人将无法得到固定利润 $(\bar{D}-D)$ 的概率控制在置信水平 α。因此，将本书模型中的 VaR 规则仅仅理解为债务人为了控制破产风险而执行的是片面的。事实上，破产意味着债务人行使看跌期权，他们可能从中获得好处，这就是债务人故意投资于"坏"

项目的道德风险问题。VaR 规则可以被理解为债权人为控制上述道德风险对债务人施加的激励兼容约束（Adrian 和 Shin，2013）。

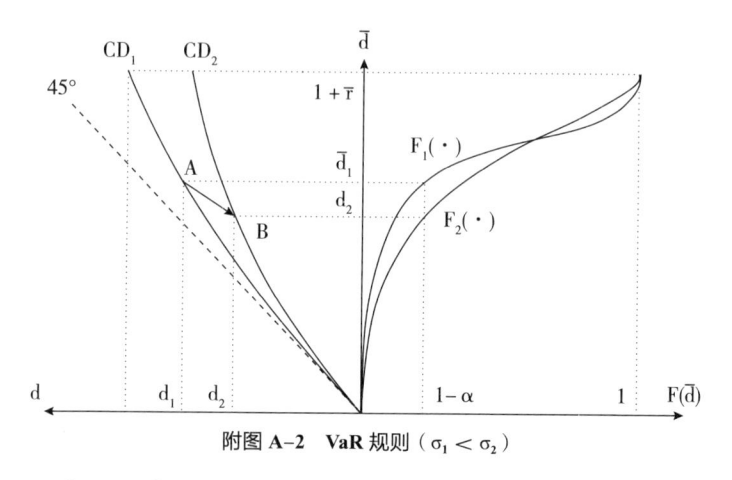

附图 A-2　VaR 规则（$\sigma_1 < \sigma_2$）

4. 宏观经济周期

附图 A-2 只是帮助读者理解债权人与债务人对风险评估的变动是如何影响他们的决策进而影响杠杆率的均衡水平的，问题是对投资风险的评估并不会无缘无故地变动，我们必须将其视为内生变量。回到宏观层面，杠杆率的均衡水平应恰好满足投资总需求。不妨将投资总需求记为 A^D，

$$A^D = \frac{\overline{E}}{1-d} \quad (A-20)$$

其中，$\overline{E}$ 表示经济体中全部金融中介的权益资本总和，d 即为上文所用到的杠杆率。尽管 d 的含义从微观杠杆率过渡到宏观杠杆率，但我们使用相同的符号。这样做的理由是我们假设所有的金融中介都是同质的，从而使宏观杠杆率等于微观杠杆率。

在模型的微观部分，我们只考虑了"承诺"收益率（即最高收益率）为 $(1+\overline{r})$ 的投资项目，当模型向宏观层面过渡时，我们需

要假设所有的投资项目都是最高收益率等于 $(1+\bar{r})$ 的。读者亦可以理解为，本书只研究全部投资项目中的某个特定的子集。若本书基于这一子集的研究结果成立，基于全部投资项目的相应推论也是成立的。

对任何经济体而言，总需求会围绕总供给波动，形成宏观经济周期。假设 θ 表示宏观经济周期的状态，θ 随着总需求的增大而增大，那么，投资总需求，

$$A^D = g(\theta) \quad (A-21)$$

其中 g(·) 是一个单调递增函数。这意味着在繁荣阶段，投资机会增多，在衰退阶段，投资机会减少。

5. 均衡的存在性、唯一性和稳定性

我们即将完成本书模型的构建工作。这是一个外生经济周期假设下的封闭模型。在微观层面上，首先，债权人和债务人追求名义利润的最大化，由式（A-1）（A-7）（A-9）不难写出最大化问题：

$$\max_{\{d, \bar{d}, \sigma\}} \frac{E(r)}{1-d} E \quad (A-22)$$

其次，债务合约面临债权人—债务人曲线的约束，表现为式（A-12）。最后，债权人通过对债务人施加激励兼约束以避免道德风险，表现为式（A-18）。

在宏观层面上，投资总供给等于投资总需求，由式（A-20）（A-21），

$$\frac{\bar{E}}{1-d} = g(\theta) \quad (A-23)$$

命题 A-3：在封闭经济体和外生经济周期的假设下，通过联

立式（A-22）（A-12）（A-18）（A-23），得到唯一的均衡解 $\{d^*(\theta), \bar{d}^*(\theta), \sigma^*(\theta)\}$。

证明：首先，根据式（A-23）容易得到宏观均衡的条件：

$$d^* = 1 - \frac{\bar{E}}{g(\theta)} \quad （A-24）$$

若杠杆率满足该等式，意味着经济体的投资总需求等于投资机会的总供给。注意到等式右边的变量都是外生的，假设金融中介的权益资本总和不变，那么宏观均衡下的杠杆率由宏观经济周期决定。

其次，考虑微观均衡的条件，根据命题 A-2，假如风险降低，CD 曲线向右方偏斜，如附图 A-1 所示。不难证明，在式（A-12）中假设杠杆率 d 是给定的，则 $\frac{\partial \bar{d}}{\partial \sigma} > 0$，即当债权人与债务人对风险的评估降低时，均衡利率是降低的，反之亦然。此处，我们再次应用了项目期望收益不变的假设。根据附图 A-2 的右半部分，不难证明，在式（A-18）中，若 α 足够大，$\frac{\partial \bar{d}}{\partial \sigma} < 0$。即当债权人与债务人对风险的评估提高时，债务人选择"坏"项目并破产违约的动机增强，债权人通过降低名义利率减弱债务人的上述动机，反之亦然。如果用附图 A-3 中的 MM 曲线和 NN 曲线分别描述上述两种关系，容易得到结论：当杠杆率 d 给定，存在唯一的 $\{\bar{d}^*, \sigma^*\}$ 使得 CD 曲线和 VaR 规则同时被满足。然而 d 由式（A-24）唯一确定，故存在唯一的 $\{d^*, \bar{d}^*, \sigma^*\}$ 使宏观均衡与微观均衡的条件被同时满足。

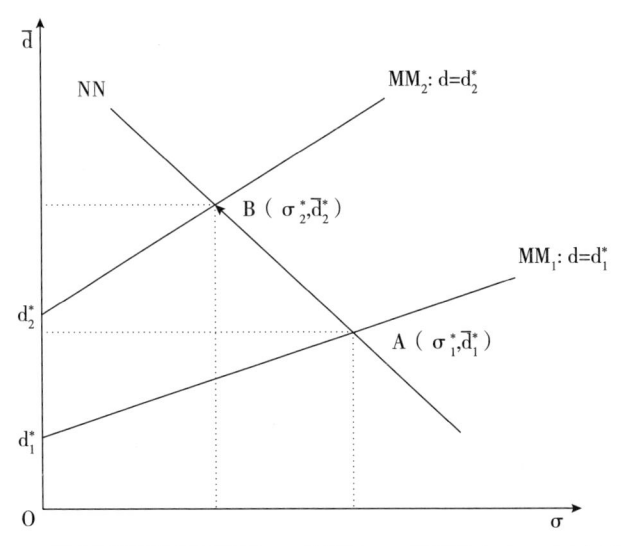

附图 A-3 给定杠杆率情况下满足 CD 曲线和 VaR 规则的 $\{d*, \sigma*\}$（$d_1^* < d_2^*$）

以下求解析式。首先将式（A-12）两边同时对 $\bar{d}$ 求偏导数，

$$\frac{\partial d}{\partial \bar{d}} = 1 - \frac{\partial o(\bar{d}, \sigma)}{\partial \bar{d}} \tag{A-25}$$

其中，

$$o(\bar{d}, \sigma) = \int_0^{\bar{d}} F(x; \sigma) dx \tag{A-26}$$

因此，

$$\frac{\partial d}{\partial \bar{d}} = 1 - F(\bar{d}; \sigma) \tag{A-27}$$

根据式（A-18），

$$\frac{\partial d}{\partial \bar{d}} = \alpha \tag{A-28}$$

这意味着当 VaR 规则和债权人—债务人曲线同时被满足时，$(d, \bar{d})$ 满足线性关系。由于当 $d = 0$ 时，$\bar{d} = 0$，

$$d = \alpha \bar{d} \tag{A-29}$$

最后，根据式（A-24）(A-29)(A-18）容易得到，

$$d^* = \varphi(\theta) \quad (A\text{-}30)$$

$$\bar{d}^* = \frac{1}{\alpha}\varphi(\theta) \quad (A\text{-}31)$$

$$\sigma^* = G^{-1}\left[1-\alpha\,;\,\frac{1}{\alpha}\varphi(\theta)\right] \quad (A\text{-}32)$$

其中，$\varphi(\theta) = 1 - \dfrac{\bar{E}}{g(\theta)}$，因为 $g(\cdot)$ 为增函数，$\varphi(\cdot)$ 亦为增函数。$G(\kappa\,;\,\lambda) = F(\lambda\,;\,\kappa)$，后者为随机变量 $(1+r)$ 的分布函数。至此，命题 A-3 的证明完毕。

容易证明上述均衡解是稳定的。对于给定的杠杆率 d，如果 $\{\bar{d}, \sigma\}$ 不是 NN 曲线和 MM 曲线的交点，它将自动向两条曲线的交点靠拢。首先，如果 $\{\bar{d}, \sigma\}$ 在 NN 曲线上方，则对债权人面临的违约概率和债务人面临的破产概率大于 VaR 规则的阈值，他们将被迫下调债务合约的还款额。反之，如果 $\{\bar{d}, \sigma\}$ 在 NN 曲线下方，VaR 阈值没有达到，债权人或债务人有提高名义利率或接受更高名义利率的动机；其次，如果 $\{\bar{d}, \sigma\}$ 不在 MM 曲线上，则看跌期权的定价偏离公允的价格，借贷资金的需求和供给的变化将自动纠正上述错误。

如果 $d \neq d^*$，MM 曲线会向杠杆率 d^* 对应的 MM 曲线移动。假设状态 A：$\{d_1^*, \bar{d}_1^*, \sigma_1^*\}$ 和状态 B：$\{d_2^*, \bar{d}_2^*, \sigma_2^*\}$ 均满足微观均衡的条件，后者亦满足宏观均衡的条件，即 $d_2^* = 1 - \dfrac{\bar{E}}{g(\theta)}$，其中 $d_1^* < d_2^*$，$\bar{d}_1^* < \bar{d}_2^*$，$\sigma_1^* > \sigma_2^*$。这意味着 A 状态下投资回报率的

不确定性被高估。式（A-22）意味着，当有多余的投资项目时，债权人与债务人（在 $\pi^e = 0$ 的假设下仅仅指债务人）总有扩大资产负债表的动机，为了提高杠杆率，他们必须调低对投资风险的评估，于是 $\{d, \bar{d}, \sigma\}$ 从 A 向 B 移动。反之，如果投资回报率的不确定性被低估，实际杠杆率高于均衡值，债权人与债务人将找不到足够的承诺收益为 $(1+\bar{r})$ 的投资项目，杠杆率将被迫降低，同时，债权人与债务人必须提高对投资风险的评估。

6. 动态特性与货币政策

上文通过一个简单的模型刻画了杠杆率、名义利率和风险的内生联系，其中涉及两个重要的参数：投资总需求 A^D（等价地，宏观经济周期）θ 和 VaR 规则的阈值 α。在本书中，VaR 阈值 α 与前文多次提到的金融中介对风险的评估 σ，均反映金融中介的风险感知、风险偏好和风险承担。其中，σ 反映风险感知的逻辑是直接的。回顾参数 α 的定义，当 α 上升时，债权人面临还款违约的概率以及债务人面临破产的概率下降，这意味着金融中介的感知风险下降，于是他们将偏好于投资风险更大的项目，即愿意承担更大的实际风险。此处，"实际风险"并不指名义收益扣除价格水平变化之后的不确定性，如此表达仅为区分风险的真实状态与其金融中介"感知风险"的不同概念。本节首先将分析模型的参数变化是如何影响微观均衡和宏观均衡的，进而讨论货币政策的外生干预对模型系统的影响。

根据式（A-29），名义利率

$$i = \frac{\bar{d}}{d} - 1 = \frac{1}{\alpha} - 1 \qquad (A-33)$$

即，只要 CD 曲线和 VaR 规则被满足，名义利率由参数 α 给定。因此，

命题 A-4：根据本书的模型，金融中介的风险定价机制和微观审慎机制将产生均衡的名义利率水平，该利率水平仅与金融中介对自身所面临风险的感知相关，两者的变动呈正相关关系。

由此，微观均衡条件在附图 A-4 中表现为从原点引出的向右上方倾斜的射线 OP。宏观均衡条件是一条垂直于横轴的直线 QQ。OP 与 QQ 的交点即表示模型的均衡解，杠杆率与名义利率分别由 OP 和 QQ 的参数给出，风险则由通过交点的 CD 曲线的参数给出。

于是，模型参数的动态特性如下。假设 A 点 $\{d_1, \bar{d}_1, \sigma_1\}$ 表示初始的均衡状态，如果参数 α 不变而 θ 上升，直线 QQ_1 向右平移至 QQ_2，由式（A-30），均衡杠杆率从 d_1 上升至 d_2，均衡状态转移至 C 点 $\{d_2, \bar{d}_3, \sigma_3\}$，其中 σ 下降，这是因为新的投资机会的出现使债权人和债务人希望提高杠杆率，而提高杠杆率要求他们下调对实际投资风险的评估。此外，名义利率保持不变。另一种情况是参数 θ 不变而 α 上升，射线 OP_1 顺时针旋转为 OP_2，由式（A-33），均衡的名义利率从 i_1 下降至 i_2，均衡状态转移至 C 点 $\{d_1, \bar{d}_4, \sigma_4\}$，金融中介对投资风险的评估亦下降。直观的解释是，债务人认为其破产的概率及债权人认为其面临还款违约的概率下降必然反映了单位借款还款额的下降或债务合约的双方对实际投资风险评估的下调，前者直接意味着名义利率的下降，后者使看跌期权的价值下降，从而降低名义利率。

现实中影响名义利率的因素很多，不同的影响机制可能产生不

| 附录　杠杆率、利率和风险偏好的相互作用机制：理论模型 |

同的均衡利率。因此，名义利率是不断变化的，真正的均衡利率可能并不存在。但是，

推论 A-1：根据命题 A-4，当现实中其他因素导致名义利率水平变动时，金融中介的风险感知随之发生变化，两者的变动呈正相关关系。

借助这一推论，我们可以分析货币政策的外生干预对模型系统的影响。仍假设 A 点 $\{d_1, \bar{d}_1, \sigma_1\}$ 表示初始的均衡状态，当央行通过货币政策工具引导名义利率从 i_1 下降至 i_2，射线 OP_1 顺时针旋转至 OP_2，同时，假设总需求小于总供给且金融市场是有效的，利率下降将刺激投资需求，直线 QQ_1 向右平移至 QQ_2，那么均衡状态将移动至 D 点 $\{d_2, \bar{d}_2, \sigma_2\}$。

尽管刺激经济增长的目标得以实现，宽松的货币政策产生了附加的效果，即金融中介对实际投资风险的评估及对自身所面临风险的感知都降低了。这是因为金融市场中债务合约双方的博弈永不停歇，在本书的模型中，博弈的结果一方面体现为对风险的定价，另一方面体现为对道德风险的控制，最终形成了杠杆率、名义利率和风险偏好的内生作用机制。当货币政策对利率水平和投资总需求施加外生干预时，内生变量将随之变动。以宽松的货币政策为例，名义利率的下降必然反映了金融中介对实际风险评估的下调，由于对实际风险的评估下调且单位借款的名义还款额减小，债权人认为其面临还款违约的概率和债务人认为其破产的概率均降低。另外，随着投资总需求的提高，金融中介有提高杠杆率和扩大资产负债表的动机，而杠杆率的提高亦要求他们下调对实际风险的评估。综合而

言，宽松的货币政策使金融中介对实际投资风险的评估及对自身所面临风险的感知都降低了，表现为可观察的风险感知指标的降低和风险偏好指标的上升。

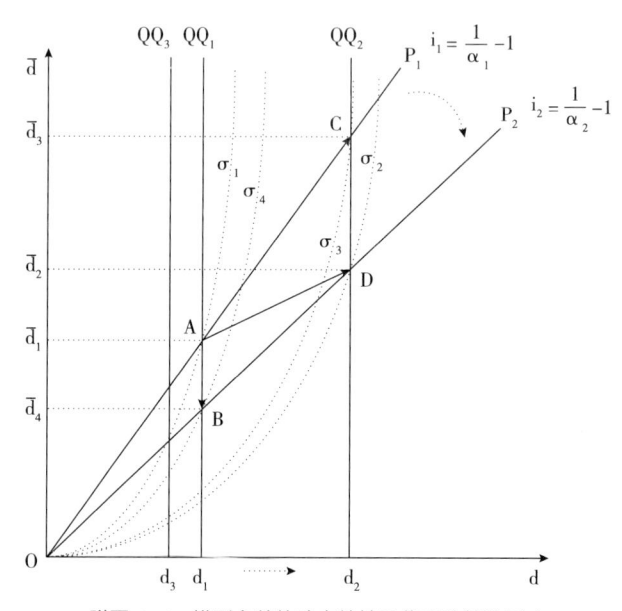

附图 A-4 模型参数的动态特性及货币政策的影响

参考文献

[1] 何知仁.基于货币政策与风险感知的全球流动性驱动与传导.[R]博士论文, 2016.

[2] 刘海影.内生性信贷、全球流动性与金融市场不稳定性.[R]工作论文, 2015.

[3] Tobias A, Shin H S. *Procyclical Leverage and Value-at-Risk*[J]. NBER Working Paper Series, 2013: 18943.